鼓舞人心的十個勇氣

ONE BOOK
TEN LIFE

鼓舞人心的十個勇氣

2

ONE BOOK
TEN LIFE

鼓舞人心的十個勇氣

―10個真實人生故事＋108句提升勇氣的話語，帶你走向成功之路

編著／卓天仁
作者／符策勤、陳豪、黃縝豐、郭學儒、蕭正崗、
許國展、賴嘉彬、鄭偉志、李青容、蔡易哲

你的「勇氣」為你的人生，帶來驚喜的超能力

很高興，【ONE BOOK TEN LIFE系列】進入到第二本了，而這次的主軸核心著重在「勇氣」。承襲 ONE BOOK TEN LIFE 系列的精神，我深信每一個人的生命，都有著最精采的故事及歷經，關鍵的重點是：你是否真正願意和其他人分享！特別感謝本書的十位共同作者，將他們發生在他們生命之中，最為精采感動的故事，分享給所有朋友。我相信，透過作者他們的真實故事，可以在不同的時間與階段，帶給我們不同的刺激與啟發，也請所有朋友，一定要細細品嚐這一本書。

我記得，小時候為了學會騎腳踏車，就要有跌倒或是撞牆等等的準備，為了學會游泳，就要有喝水的準備，為了想學習知道更多的知識，就要有在眾人面前提問或是發言的行動，為了向心儀的對象告白，就必需有被拒絕的準備！而這些都是屬於「勇氣」的呈現。我發現，原來在我們每個人身上，已經擁有那麼多「勇氣」的經驗了，不過有可能？我們會忘記這些發生在我們身上的過程！找回屬於你我曾經擁有的「勇氣」，是本書最重要事。千萬，不要讓我們的生命，因為自己一時瞻怯、懦弱、客氣、想太多等等，而產生不必要的遺憾！畢竟，生命是無法回頭的。

也許，每個人在不同的時間點，都會有不同的理由或是藉

口？但這絕對不是你我生命中所要去得到的。你是否曾為了一小件事或是不經意的行為，而讓自己在事後回想，而感到萬分的可惜或是感嘆？你是否曾口直心快或是沒說出口的話，而讓自己困擾不已？我們生命中，總是會碰到各式各樣的情況！也許是聽到不實的言論，也許是看到一個意外事故，又或許是一個以大欺小的不公平事情，重要地是，如果是你正好在當下或是當事人，你會怎麼如何反應採取行動呢？

　　這些事，無時無刻的在發生，沒有人來教導我們要如何面對？而正是如此，學習「面對」未知的挑戰，正是一種「勇氣」的最佳表現！透過本書，十位作者的故事，可以讓我們有一個好的學習方向。當我們都可以坦然「面對」，發生在我們身上的事物，勇敢的採取正確的「行動」，不要讓自己遺憾，這或許正是「勇氣」的公式。最後，我想鼓勵所有人：「試著讓自己勇於面對，試著讓自己勇敢行動，進而找出專屬於自己生命的【勇氣公式】。」

巔峰潛能有限公司執行長

卓天仁

目錄

鼓舞人心的十個勇氣

008

\勇氣/ 1

「勤於學習，放下身段，勇於改變吧！」

——碼訊控股集團主席及大馬優品集團聯合創始人
符策勤（Neil Foo）

鼓舞人心的十個勇氣

從沒自信的咖啡店小子到跨國企業副總裁及上市集團主席

勤於學習，
放下身段，改變吧！

前言

人生不會總是順遂，遇到困境時要如何轉化自己心境？且看
符策勤如何從一位咖啡店之子，一路壯大自己能力，出國唸
書拿學位並將業務至30多個國家，以29歲之姿成為最年輕的
國際市場經理，並在歐、日、馬、新等跨國公司擔任重要職位，
再從由總裁到提起勇氣自我創業，到底他的勇氣來源是什麼
呢？

我生長在一個小康之家，那是在馬來西亞麻六甲野新小鎮（Daerah Jasin）。

對國外人來說，野新在哪裡？簡單來說，從吉隆坡到麻六甲野新的車程大約2個小時，123公里路，就知道這個地方多偏遠了。在麻六甲人眼裡的野新是個小山頂。但在野新，我們家確實是大街的最中心點，對面是野新縣總車站，右側挨著街上的唯一一家的加油站，後面是巴刹（馬來語：菜市場），左面是整個街的大路。

人車川流不息，華人新村、馬來甘榜（馬來語：鄉村）、印度園丘等的鄉民，每個月都必須來到街上採購日常用品，處理政府事務及吃吃喝喝。

家族庇佑，擁有平順快樂的童年生活

在那裡，無人不曉55號門牌，野新大街的「國際餐館」。國際餐館是爸爸的風光事業基礎，海軍退役後，從我阿公接手，將傳統海南咖啡店改型為大炒式（熱炒）的餐館。

那個年代，馬來西亞出了新憲法，允許土地分割地契，我爸爸、媽媽倆人便順勢，買賣了不少地段，成為土地的擁有者，賺了不少錢。

　　寫下馬來西亞歷史篇章的「青年團結運動」組織（以下簡稱「青團運」），我爸爸是該組織的野新地區主席，麻六甲州的領導之一，又是野新青團運合作社的經理、海南會館青年團的領袖、地方上的公親（和事佬），還是徒弟不少的跆拳道教頭！

　　說到和事佬，必須要提到我的祖父（阿公），他是中國來南洋的海南鄉賢的領袖。1960年代，他是野新海南會館的主席，麻六甲海南會館副主席，麻六甲符氏宗祠主席。在海南島，阿公曾經是老師，所以在那個年代，他是讀書人了。

　　當許多中國人離開「等死」的中國，飄洋過海到「找死」的馬來半島（當時還不時馬來西亞聯邦國），這些南向到此地的鄉親們一貧如洗，又沒有文化，也沒幾個人像我阿公一樣識書認字。阿公就自然成為鄉親的家書寫手，國際咖啡店成為書信往來的據點，也成為最八卦的公親（和事佬）及訴苦的地方。加上阿公心地很善良，收留過很多的鄉親短暫住在我們家樓上。

　　這樣的鄉情、恩情，當我一介紹我是玉堂公的孫子（阿公的名字叫「玉堂」）時，幾乎海南人都認識。這是我小時候銘記阿公的印象及榮耀。

然而，阿公開的咖啡店生意很一般，加上一些時代性的家庭矛盾，他內心也煩燥，一臉嚴肅，和孩子不苟言笑，有種讀書人的傲氣。聽姑姑講，千萬不要打擾他看報紙，要不然他就會喝你一句：「不為路買！」（即海南髒話）。

爸爸承傳阿公的領導作風和愛報打不平的性格，在社會上很快成為知名人物。在買賣地皮及新穎的餐館生意蒸蒸日上，爸爸開始有更大的抱負，乘勝追擊，下山到麻六甲創辦酒店——中餐冷氣酒樓，以及20間的美式炸雞速食連鎖店，還因此成為馬來西亞中小型酒店公會的財政。

在當時青團運全國總會長，馬來西亞華人公會全國署理總會長等人不時與他接觸，甚至致電到家裡來，我爸爸算得上是一個了不起的時代青年才俊，風光無量！

「合作社風暴」之累，家庭經濟陷危機

1986年，經濟不景氣席捲全球，很快擊倒了剛從農

⇄ **符策勤的勇氣哲學**
把消極轉化為積極，把失敗當作教學。

　　業轉型工業的馬來西亞，各行各業被影響，包括我們家的酒店生意。

　　同一個時候，因政治因素，由馬來西亞華人創辦的「合作社風暴」也被掀起，全國大城小鎮出現擠提（擠兌），合作社紛紛被國家銀行凍結！爸爸是合作社分行經理，當時只有19歲的我也協助開車調送各合作社的現款，應付存款人的擠提。

　　一時之間，要面對家庭生意的緊迫及合作社風暴，整個家庭都處在焦慮及恐懼中。尤其在這個小鎮上很快就會受到眾人的異樣眼光。

　　當然，做為地方上青年領袖，曾經幫助不少青年人申請廉價房屋，一路來做事正直不阿的爸爸，面對這樣的經濟不景氣打擊，在那個年代是萬萬想不到的，而且無法接受！

　　我媽媽是著名的新娘子化妝大師及裁縫師，她曾經營裁縫學院，在當時可說是桃李滿門。

　　不過，在家裡創辦酒店的那段期間，我媽媽只好放棄自創的裁縫業，親自下海管理餐館主業。

　　我呢，卻處在大學先修班的十字路口，加上好動，酷愛籃球、田徑，忽略了學業，中五（即台灣高中二年

級）只考到中等成績。

家庭經濟風暴，搞到全家人已沒信心，我內心只想當個小學老師算了，反正從商看似已不適合這個家庭。

爸爸還是覺得要東山再起，接管了阿公以前留給伯伯的麵包廠。正逢等待大學先修班被錄取的幾個月期間，我被徵召去與爸爸打理麵包廠。每天天還沒亮，四點鐘起床，穿著籃球背心，提著一大壺白開水，步行三公里外的熱烘烘麵包窯廠幫忙做麵包，下午還得送麵包到鎮上的店裡。

以前好像是酒店少爺，怎麼現在拋頭露面送麵包呢？

心中很不甘願，這麼辛苦的生活真的不好過，尤其是家人上上下下都隱藏著一股低氣壓，畢竟從高峰跌到谷底，是很難接受的，因此隱隱中都透露一種想要快點尋求脫困的心情。

當然，我再不快樂也難以說出口，我的家人也一樣，看似表面平靜，但心裡卻是恐懼、無助。

即便如此，我還是苦中作樂，下午五點半，一樣到籃球場上發揮我的國手夢。但，內心深處，早沒了信心，卻又緊記著：「我不會讓眾人瞧我們不起！」如此日復一日，內心矛盾不斷。

鼓舞人心的十個勇氣

> **⇄ 符策勤的勇氣哲學**
> 在經歷人生挫折後，不妨先短期沉澱，然後放下身段，
> 重新出發，就會看到改變。

從父母身上，看到遭遇挫折的正能量

事實上，在我5～6歲之時，已在家裡的咖啡店中端茶、賣東西、算錢，也學會察顏觀色，在這種環境下比同年齡者多了一些社會歷練。

七〇年代，是華人私會黨風行的年代，咖啡店成了社會是非地。所以在這種環境必須要慎言，要不然會惹上刀光之災。什麼談判、講訴、群毆、偷情、手槍交易等等，都在這龍門客棧上演過！

黑市萬字票（指彩券）、大耳窿（指非法借貸）、皮條客也是這裡的客人。有時我店裡不忙時，也會過去跟他們坐坐，打打交道，聽聽「同道人」的故事。

這段期間，沒有信心可上大學，於是托人找找零時教師的工作，但，沒有下文。心裡就在想：「連當個小學老師的資格都沒，你說還有什麼信心可言。」

這時餐館全面增加有關結婚宴會的外勤服務訂單，

這也滿足到當時市場的重點需求，漸漸地家裡的收入也稍有起色。於是，全家總動員勤接幾十到百桌的餐宴訂單，像是媽媽接單及管理財務、爸爸下廚、我開小羅裡（馬來語：小貨車）、弟弟排桌椅及端菜、姑姑及明芬（我太太）顧店，這樣我們開始把生活改善。

爸爸也勤勞的找新的出路，從開著摩拖車，一包包承載著大企業集團所需的棕櫚油果實，不久後買下八輛貨車運送。

這時，我在爸爸身上看到：跌下谷底的青年才俊，曾經擁有小鎮上唯一新款的德國富豪汽車（Volvo）244型號，在經歷人生挫折後，短期出家沉澱，然後重新下廚做菜，開兩輪的摩拖車，放下身段，志在改變生活，這是我們值得向爸爸學習的地方。

改善家中的財政狀況後，我也跟媽媽學會了如何理財，例如：我們倆人偷偷的把餐館賺到的錢存到各銀行裡。而我印象最深刻的我媽媽幾個經典句子：「把錢存起來，別讓爸爸知道！男人難免想要翻身，又搞投資，萬一再失敗，就不得了！」、「把錢分散放！」

對自己未來叛逆，刺激全家人的思維

由於我死性不改，因籃球又耽誤了我的學業，所以上不了本地大學，再加上我屢考會計課程兩次都考不上。

在當時，我是拉曼學院大學先修班的班長，也小有名氣，同時也是校院籃球場的常客，商學校籃球隊的隊員，既是小冠軍球隊。成績放榜那天，作為形象良好的班長，竟然五科專案皆墨——不及格！

不過我很酷，我已知道成績會是這個樣子。覺得即使當老師、考會計，打從心裡就是一種逃避，也是一種消極，或許這表示我本性就是不適合這兩門內向的差事。

於是沉澱了好一陣子，內心互問了很多的問題：到底人生要怎麼走？像這樣消極逃避的走下去？還是脫胎換骨的帶動家人重新走向積極的生活？

但在思考的過程中，我很清楚的了解到：不能讓以往的生活打擊，封閉全家人的思維，墨守成規地走漫長的路， 還有我不能再做太聽話的孩子了，反而應該當個正面叛逆的家庭帶領者……。

於是，我最後決定與媽媽攤牌，找她一起好好地深談一番，內容包括：關於家裡的蛻變——把消極轉化為積極，把失敗當作教學。我告訴她從商不一定是噩夢，只

要掌握知識，小心實踐。

那是我人生中的第二次深談，很激動且很情緒的交心。 我還「超現實」的要求媽媽給我10萬塊馬幣（折合台幣約75萬元左右）到澳洲念工商管理。會講「超現實」的意思是：第一，當時我們家的家庭財務仍十分緊迫；第二是，我還要放洋，到澳洲念3年的書。

這種要求無疑對我們家裡來說，是一種奢求和無理由根據的！

我之所以會有這樣為難的奢求，表示我必須破斧沉舟，我必須叛逆，我必須刺激家人的思維，站起來，重新生活。

在當時，我媽媽並沒有不同意，同時她也意識到我們家確實不能再消極地走下去，必須要從中學習失敗的負面經歷，最後答應了我要出國念商科的要求。

那一刻起，我抖擻自己的精神，決定到一個離開澳洲喧囂城市的小鎮大學，沒有認識任何人，一個能夠讓我洗滌心情，靜下心，讓好好完成的工商管理學士課程的一個地方。

同時，我也追求一個能夠讓我掌握英文，一個讓我能夠瞭解白人成功價值觀的西方社會，重拾我及家人的信

心，以其排除社會異樣眼光的最後一個契機。

塞翁失馬，焉知非福！放下身段，改變可見

　　1991 年入學。1993 年底，我完成了學士學位，四方帽帶上了，信心回來了……。

　　沒有驕傲，只有慶幸。慶幸我能夠熬過來，獲取一張被承認的大學文憑，找一份好的差事；慶幸我沒有在自己的學業上潑墨染上污點或放鬆學習過；慶幸我其實可以很爭氣；慶幸我可以登堂與人們——白人——滔滔的談話；慶幸我出過國了，喝過洋水；慶幸起碼家裡出了個大學生；慶幸我注入了一個很大的正面隱喻，帶領家人蛻變！

　　這對當時國家贊助保送出國的優異生，或是含著金湯匙出生的富家子都出國喝過洋墨水來說，都不是什麼大不了的事。然而，對我的爸媽來說，在我們家深陷水深火熱中的時侯，還要挪出的十萬馬幣的教育費給我出國唸書，卻是意義非凡的事情。光這一點，在我的內心價值便昇華到比誰都有資格傲視群雄的信心。

　　踏入社會的日子還算非常順暢，第一份工作便進入日本國際貿易集團伊藤忠株式會社。兩年後，我以29歲的

姿態，很快被挖角到馬來西亞國企單位，成為行內最年輕的國際市場經理。

　　然而，在辦公室的政治壓迫下，以及太過年輕，經驗不足的情況下，無法完全勝任經理職位，自砸飯碗，離職不幹。

　　後來，又轉行，年紀輕輕的當上新加坡跨國企業的區域經理。

　　不久後，又被原來行業的競爭對手召回當地區經理，重新在國際市場間穿梭。這家公司的創始人就是擁有「金手指」稱號的馬來西亞土著企業家。後來公司易手，成為馬來西亞皇族、荷蘭人及日本人的跨國企業。我在這家集團最後當上了副總裁！

　　從沒有信心的咖啡店小子到副總裁，慶幸當年當機立斷，做出改變。澳洲留學的確值得，但在咖啡店的歷練和家裡的低潮氣氛，真的幫助我在重整人生的旅途裡起了激勵的作用。還有，在咖啡店裡學到外表比實際年齡

⇄ 符策勤的勇氣哲學
哪裡跌倒，哪裡爬起來；從商不一定是噩夢，
只要掌握知識，小心實踐。

成熟5～10年的面面俱到且圓融談話方式，不但讓我只
用兩年的實習生時間，一蹴成為行內最年輕的經理，也
使我日後升職加薪路徑更為平坦有自信。

這一戰，應證了最簡單不過的一句話：「塞翁失馬，
焉知非福！」

同時，我再補上一句：「勤於學習，放下身段，改變
吧！」

無時無刻投資自己，才是最好的投資

上班的第一天，我已偷偷的創業。

雖然，我的薪水加上外邊創業的報酬已是高收入者，
包括每月出入國際機場、提供商務艙、公司配車、住
5星級酒店等等的福利。但是，我總是緊記著以往家
裡拮据的時侯，從不敢揮霍，也不敢買3B豪華車（指
BMW、Benz、Bentley）。同時，也不想讓精明的荷
蘭老闆存有偏見，因為貴為億萬身家的他還用著10年
車齡的老舊賓士車。反觀身邊不是賺很多的朋友，買名
車、炫名牌。有時我心裡還譏笑他們的無知，不知好歹，
不知天高地厚！

那段「飛」躍的時間，我開始養成了在候機或乘坐

飛機時，大量閱讀的習慣，例如羅伯特·清崎的《富爸爸》、李光耀的《從第三到第一世界——李光耀回憶錄》、柏楊《醜陋的中國人》、 潘桑昌的《聽老闆的就錯了》、馬斯·弗裡德曼的《世界是平的》、德隆·阿西莫格魯的《國家為什麼會失敗》等書。我還繳了兩千五百馬幣（將近 2 萬元台幣）向米蘭老師學理財課程去了，還追加六千馬幣（約 4 萬 5000 元台幣）到新加坡學羅伯特·清崎的「富爸爸」課程。富爸爸啟發了我寫的第一本書《左眼右眼看華人》（2003 年出版）；緊追的是 2007 年英文版的《A Different Chinese》；2009 年中英文版對照的《不被裁員 You're Not Fired！》；2015 年及 2016 年中英巫（馬來語）三語對照的《中小企業融資指南》。

我這裡先提一下，2017年，我有福氣的和理財啟蒙老師之一的羅伯特·清崎先生，在廣州同台和1000人做企業演講！

高薪打工，我一心一意的節儉儲蓄，希望有朝一日這些存款可用在自己的開創企業上。

在2006年，是打工皇帝日子的高峰期，我又一次做了人生大抉擇！

> ⇄ **符策勤的勇氣哲學**
> 勇於叛逆及改變，迎向多變未來。

　　離開工作崗位下海去，開創自己的企業，這種決定不嚇壞家人才怪……。

　　人家說：「打工是為老闆解決問題」，我說：「創業是自己找麻煩，自己解決！」

　　開創事業並不平坦，凌晨4：30從床上驚醒，心跳加速，因為公司現金緊張。

　　但創業者有的是自己可掌握的自由度：「說走就走」。而這個這就是我們這種外向好動的人所追求的工作形態及生活。

　　我堅持創業，延續國際貿易事業的基礎，合夥投資工業、標工程、連鎖商店，累積開發了 30 個國家的市場，飛了超過980班次，去過20個國家！

　　創業期間，又搞了幾本書。社會看到了，領導賞識了，什麼「全國總團策略研究局主任」，還當上極富爭議性人物——馬來西亞國陣青年團團長凱里的「全國國青團幕僚長」，常人沒有的特種封號，一時間，全加持

在我的身上。

真不虛偽的說，我不因此而狂妄，家裡 20 年前辛苦被追債，江湖談判的一幕，還歷歷在目，老是提醒自己別失重心。

我虛心乘勝追擊，學演說，硬著頭皮接公開辯論的邀約，上電臺、電視的訪問，這些又是「慶幸」的新學習。這些不務正業且無打賞的社會工作也加強了我在企業的組織能力、產品訴求的技巧，公關宣導的感染力！

我也拒絕了至少五次的「功在社會動銜」（包括兩次「拿督」）的推薦！我的理由是：「讓那些比我年紀大又很想要的先接受封賜吧！」

接觸政治出國推廣馬來西亞，觸角更加延伸

2014年10月，適逢馬來西亞新政，當時的首相署部長拿督魏家祥博士誠邀我出任馬來西亞首相署中小企業拓展中小企業的總執行長一職。部長的說服詞是：「我知道你善於時間管理，請騰出一點時間，為國家再做點事，用你國際企業的經驗，接地氣，別官僚的真正幫助大馬地區的中小企業。我頭髮掉了很多，你全權建立及營運該中心吧！」

就這些話，我和企業夥伴、家人溝通了一個星期，我回覆了部長：「ＯＫ，好吧！」

這又是人生的另一個抉擇：「為民服務，還得被大眾檢視！」

2014年10月至2018年5月，我和5萬個中小企業業者，在20個標誌性活動講過話，也曾向100萬個觀眾及聽眾，通過各媒體管道貫徹了新融資、新零售O2O（指 Online To Offline，又稱離線商務模式）人工智慧的資訊、檢閱過 1600 家申貸文件及 600 家的創投路演的商業計畫書、放貸一億五千萬馬幣（約台幣 11億 1718萬元）等的中小企業建設活動。

這期間，我不斷的和大家講真心話——做企業不簡單，要創新，要實踐，別紙上安逸談兵，更不要沒事買獎、購勳銜、印博士名片。

馬來西亞首相署中小企業拓展中心，有效的任務實踐，很快就冒出名聲來。不少的商會活動都尋求本中心成為支援及認可單位，這已讓有相關的組織活動變得更加有價值。

因此，幾乎每晚，身為總執行長的我被受邀為座上賓。這種榮譽很容易讓人沖昏了頭，但是每次的掌聲，

⇄ 符策勤的勇氣哲學
別拒絕任何可能，機會大門在等著你上門。

我腦海裡又出現咖啡店捧餐的畫面，又有一種聲音似乎在叮嚀著：「記得，你還是個咖啡店小子！」

雖然在 2018年5月9日馬來西亞變天，政黨更換了，我離開了馬來西亞首相署中小企業拓展中心，但這也意謂著我可以多花點時間在我自己的生意上。

這段期間，我十分感謝前部長魏家祥博士，我高興人生不虛此行，從打工、創業，還幫過中小企業，又有了跨行業的朋友，有誰還有這樣的福分、際遇呢？十分感恩了！

自 2018年5月10日開始，再也沒有晚宴、開幕禮、開張等的邀約了。只因為，沒有身分了，人家也不方便邀請你。也有些本來很親近的兄弟般朋友，現在他們變得很安靜，站在遠遠地瞭望你，不敢接近你。從前體現出有情有義的大企業家，此岸無價，也紛紛登彼岸了！

臉書也少了拇指頭的「讚」了……。

別拒絕任何可能，機會大門在等著你上門

　　然而，我還是釋懷，感覺良好，這 3 年半，算是長
人生智慧了，也是另一個境界，人脈擴大，知識遼闊了，
再也不局限於基礎行業這一塊了。起碼上百萬個人聽過
我的聲音，5 萬個人看過真人比照片好看的我，欣慰大
企業家聽過這咖啡店小子娓娓道來永續經營的新零售、
新金融、人工智慧等的商業模式。

　　這不是很好嘛，因為我代表著馬來西亞（馬來西亞
首相署中小企業拓展中心）發言、TPP（Trans-Pacific
Partnership，跨太平洋夥伴關係協定）、一帶一路、
新南向、APEC 商論壇主席團成員的身分，一一都在
這近四年出現在我的演講裡。朋友變多了，臉書、
WhatApp、微信等，還是有人「叮叮」響的在找我做
諮詢，做對接……。突然間，感覺，我個人還是可以替
企業創造價值。而我所接觸的產業也擴大到房地產、酒

⇄ 符策勤的勇氣哲學
勇於投資自己才是最好的投資。

店、連鎖集團、融資上市、數位商業貿易、人工智慧、P2P、企業補習等行業還不斷在我手機上「叮叮」響找我。

有人棄,有人取,這就是慶幸;政局改變,也是環境變更,藍天變得更藍,綠地變得更綠。

會白你眼的,其實在咖啡店察顏觀色的本能下,在政局改變前,早已看出端倪來。

不是馬後炮,不是阿 Q, 相由心生,真的看出來,相信我!

關於 符策勤（Neil-Foo）

現任》 大馬交易所（BURSA，主機板金融股）旗下「傑出企業家加
速平台」（LEAP）上市公司 MCOM 碼訊控股集團主席、大
馬優品 MH Cross Border Group of Companies 聯合創辦人
兼首席戰略官、Biolife 有限公司的總戰略長、宏市國際有限
公司創辦人董事長、STE 有限公司創辦人之一，以及多家公
司的諮詢顧問

前任》 首相署馬來西亞中小企業拓展中心（SAME）首席執行長

經歷》 畢業於澳洲，遊走國際已經超過 20 年以上經驗，拓展業務至
30 多個國家，曾在歐、日、馬、新跨國公司擔任過不同的重
要職位，曾商居中國，由總裁到自我創業，也經歷好幾次世
界經濟危機，如 1998 年亞洲金融危機，與 2009 年美國次貸
經濟風暴的危機。

著作》 《左眼右眼看華人》、《A Different Chinese》、《不被裁
員 You're Not Fired !》、《中小企業融資指南》等書籍

專長》 數位行銷及投顧諮詢

連絡方式》 歡迎加入我的 Facebook：https://www.facebook.com/
NeilFooOfficial/

勇氣 2

「只要撐過暴風雨，就會看到美麗的彩虹！」

—— 世傑國際控股集團的創辦人兼首席執行長
拿督陳豪（Dato' Brian Tan）

從做音樂，到連鎖餐飲集團、互動媒體，甚至集團上市公司

創新、轉型、勇於做決定，腳踏實地完成事業三階段

前言

很難想像，擁有數十名員工的世傑國際控股集團的創辦人陳豪從做音樂專輯及唱片起身，跨足媒體，再轉型到科技公司，甚至到澳洲上市。這一路的轉變，到底他是怎麼做到的？每次的轉型又遇到什麼樣的挫折，他又是如何轉念帶領團隊一一克服呢？

「無論走多遠，不忘來時路，無論在人生道路或事業上走到多高多遠，也不能忘記過程中給予協助與教導我們的人。」是我人生中一路走來很重要的思考核心。

因為我心中很清楚，今天世傑集團的成就並不是我一個人打拼出來，而是團隊、合夥人、投資者、家人與朋友的支持才能走到現在。尤其是一般人對我的印象，可能還是在音樂人身分。其實我出身於馬來西亞吉隆坡的小康之家，祖籍為福建永春。我小就喜歡玩音樂，我比別人幸運的是，我的父母對於我的興趣全力支持，即便我大學畢業決定投入至音樂這條路上，他們也沒有反對過，而這也成為我在事業衝刺很大的動力來源。

或許很多人覺得我——陳豪——是一個很幸運的人，從履歷上似乎沒有遭遇到什麼挫折，一路從得獎無數的音樂人，到連鎖餐廳的經營者，甚至今日的跨國集團的負責人身分。但事實上，這路上也有很多困難必須去一一克服，並且接受很多人的扶持及幫助，才能走到今天集團在澳洲上市的成就。如果要細分我的人生階段，主要從初入社會打拼開始，分三個十年來做介紹。

第一個十年就是我以菜鳥身分，投身到音樂工作的這段期間。

因為愛音樂組 Band，進而投身錄音工程充實技術

我從學生時代開始，就因為愛玩吉他，所以跟朋友一起加入名叫「激蕩音樂工作坊」的創作組織，所有的詞曲都由團裡自己寫的，然後到處去表演去發表。現場觀眾直接對我所創作的歌曲投以熱烈的反應，讓我漸漸喜歡上這樣一個工作。

我大專念的是錄音工程，畢業後決定投入從事音響及錄音工程的工作，因此到一家錄音室工作兼學習。我還記得剛踏入這個圈子，資源真的很少，整個大馬地區甚至找不到老師來教，所以很多事情必須靠自己摸索去嘗試，更重要的是還很難賺得到錢，你無法想像我曾經一個月只拿300元馬幣（折合台幣約2200元），只為了跟一位心儀很久的資深錄音師學習技術。

而且別以為進了錄音室馬上可以摸到錄音器材，但事實上，我記得剛開始那幾個月每天上班只是掃地、擦桌子、倒茶水跟跑腿的工作，根本沒有機會讓我們進錄音室，只能自己打關係找空檔溜進錄音間摸摸器材設備過過癮，或是等老師們休息時，交待我們幫忙處理一些事情，才有機會接觸到。

雖然如此，卻是我人生感到最快樂的日子，因為可以顯

示我跟別人的不同，我的大學同學都去當上班族，而我做的是錄音工作，還是自己最喜歡又有興趣的事情，每天都很期待今天又能學習到什麼技巧，想要學習的心態很強烈。那段日子在我心裡總想著：機會難得，所以我要更加努力，不能回頭，只能往前，要成功！

因玩音樂打下拓展事業人脈發展的基礎

剛好，有朋友找我進錄音室替鄧麗君的《路邊的野花不要採》作曲的李俊雄老師做助手，一聽是千載難逢的機會，當然馬上答應說好，就這樣在這段期間遇到了光良。之後，又因參加工作坊而認識了品冠，想說大家都在玩音樂，要不要一起合作，再加上剛好馬來西亞名嘴DJ陳峰也有意參與，所以大家就合夥開創了屬於自己的錄音室，為光良及品冠做了第一張專輯。

而這段時機，剛好成為拓展我事業人脈發展的基礎。因為在當時，我從來沒想過會因此一直合作下去，並且還大

⇄陳豪的勇氣哲學
在你選擇的那個點上好好紮根，再難也要把它撐過去，
因為只要撐過暴風雨，就會看到美麗的彩虹！

鼓舞人心的十個勇氣

成功，只是笨笨地想將心目中有關流行音樂的樣子呈現出來而已。

專輯做好了，我們又遇到一個問題，就是找不到唱片公司幫忙發行。我們投放很多音樂公司及唱片行，但都沒有人理我們，處處碰壁。剛好遇到滾石唱片公司的人來馬來西亞開會，因一個機緣拿到我們的專輯CD就帶回台灣去，放在中文音樂教父李宗盛的桌子上，在他聽完我們的專輯後，便馬上飛到馬來西亞跟我們會見面開會，於是有了無印良品（光良、品冠）在滾石的第一張專輯《掌心》並獲得不錯的銷售成績，也因此開啟了我們音樂事業第一步。說起來，我們跟台灣的緣份很深！

後來，我為光良及品冠專輯所填詞的《猜測》與《胡思亂想》更奪得台灣金曲獎、馬來西亞娛協最佳原創金曲獎及最佳製作獎。並在李宗盛與許環良老師的賞識之下，讓我參與和負責多位元藝人的音樂製作，其中包括林俊傑、阿杜、楊偉漢、張智成等。

⇄陳豪的勇氣哲學

心裡要不斷想著：機會難得，所以我要更加努力，不能回頭，
只能往前，要成功！

　　現在回想起來那段拿著專輯CD一直被唱片公司拒絕的日子，反而是我從事創業或引導公司轉型時很重要的心態，就是：被拒絕是必然的，不要被失望的心情擊倒，要時時調整方向，不斷地嘗試，總會找到一個突破點，而走出屬於自己的一條路。

　　而且我甚至學習到如何用時間換取金錢，也就是把完成的時間拉長，一步一腳印的方式去實踐，只要成功克服了那個點，人生及事業體就會往更上一個層次走去。我覺得這個很重要。

從單純音樂人到行銷及經營事業的轉折

　　在無印良品的專輯大大成功後，我便膽子愈來愈大，急著想推動心裡更多的案子，於是便學習自己去尋找更多資源及機會來合作，甚至到後期還自己跳下來做宣傳及發行唱片。不過這中間，我也走了七、八年。剛好在這時，新加坡上市公司Singatronics Ltd（SNTR.SI）重金投放，邀請我加入網路音樂公司 Music4nothing.com，並擔任亞太區中文部音樂總監，盡情發揮創意，帶動傳統音樂的革命，讓音樂進入數位化的時代。

　　於是從完全不懂怎麼賣唱片，到可以跟唱片行及通路

坐下來面對面地喊價合作，例如：我可以給你多少唱片，然後唱片行門面必須放置我們出的專輯海報，或是唱片行能進多少唱片，我就可以給多少折扣給你……等等之外，我還安排在鋪點的同時，任何電台及管道做宣傳或演出都不放過，以便於刺激銷量的整個藝術培育過程，我都十分了解外，更積極地思考開發新的管道及方式並大膽地去嘗試。所以說做音樂到後期，有點像是做生意。

不過，我本人卻深深覺得做生意也像是在從事一門藝術創作一般。就像畫畫，怎麼把它從零到有，畫得漂亮，你要先框架做好，配上什麼顏色，然後放到市場上看消費者喜不喜歡這件作品。而反推到音樂上，以前我創作音樂，完全是看自己喜歡，把自己的想法表達出來；但是成為專業的音樂工作者後，要思考的範圍便要從內在轉化到外在思維，例如市場喜好及動向等不斷地自我調整。就像是現在很夯的網紅經濟，如何把它囊括至目前的事業體，必須趕快跟上作業。

在這一階段，我也完成跟我太太拿汀彭于玲的愛情長跑，結為夫妻。我太太其實是我中學同學，因為她也酷愛音樂，因此向我拜師學藝學吉他，因此我們因吉他邂逅，用音符編織愛情故事。婚後，我太太跟我一起在事業上共

同打拼，我主外，她主內，各有崗位，使事業的路愈走愈寬。

串聯音樂上中下游把事業體做大，並與餐飲結合

所以我的創業歷程才會每十年一個階段：第一個十年做好音樂，第二個十年結合更多不同產業，例如結合餐飲及音樂、數位影像發展新事業體，而第三個十年則是現在，透過多媒體結合的創新集團事業體。

會有這樣的事業轉折，完全在於「瓶頸」，正所謂的「危機就是轉機」。以第一個十年來說，在當時音樂事業或許在別人看來似乎走向如日中天的火紅，但我心裡卻一直有深深的隱憂，就是音樂格式的轉變，例如從CD變成MP3格式，將會為音樂的銷售及市場帶來很大的改變。

因此我一直在思考如何在變化之中抓到新的革命或創新？才能在這個市場繼續生存下去呢？

因此，在當時我想到如果把音樂跟其他領域結合，是不是能產生不同的火花？事實上，在當時我已經不單單只做音樂專輯而已，因為音樂事業分為上、中、下游，又加上之前我提過，在馬來西亞音樂資源並不多，因此在跟幾個股東商量之後，我們就與海蝶音樂集團合併，發展成一家綜合餐飲連鎖、音樂學院、音樂創作、藝人管理、唱片發行

的跨國集團，讓公司變成有穩定收入的企業化組織。

至於音樂組合餐廳，並發展成連鎖店的模式，也是一個創新的想法。於是我跟幾個夥伴就闖入這個圈子，在那時每天飛去不同國家考察，並尋找融資，雖然很辛苦，但也看見及學習很多不同的新事務，感覺很好玩，再加上自己那時還很年輕，覺得自己輸得起，就一頭栽了進去，轉戰連鎖餐飲事業，沒想到一投入就是十年。

從一開始出任董事經理一職，負責發展「海螺餐飲」品牌，將音樂與餐飲作結合，創造了主題性餐飲業的革命，進而帶起音樂餐廳的潮流先驅，並在短短兩年的時間已經開了17家分店，成為了亞洲首個跨國際發展的音樂餐飲品牌。

我覺得，做任何一件事情先別想成功，而是先把基礎功打好。我無論是做音樂或是做餐廳，都要求自己一定要深入了解並且做到極致，只要在市場上找到定位，才會有機會成功。千萬別一件事沒做好，就去做別的事情，就容易一事無成。因為沒有日復一日地建立強大的能力及技術，就算機會來時也沒辦法掌握住。

進入人生創業的第三個十年

在夥伴與多方的努力下,海蝶音樂集團包括旗下海螺餐飲品牌終於獲得3大國際風險投資基金IDG、Accel Partners與 SIG的青睞,重金投放海蝶的事業體,我更受委任到北京設立海蝶紅餐廳。延續海螺餐飲品牌的氣勢,海蝶紅餐廳在開幕後也深獲好評,並榮獲最佳東南亞菜系餐廳之美譽。

在北京發展的三年,讓我見識了國際大都會的魅力與商場文化,也學習到真正的企業運營與資本運作,特別是VC(Venture Capital,風險投資基金)可以協助公司從小變大,刺激著我的想法,想像我有一天能透過VC的方式,將我們的音樂產業發展到全世界獲得認同,更重要的是可以將公司帶往更高的層級,也就是上市的方向前進。

於是,2008年是我人生的轉折關鍵,帶著所學所聞所看,我在隔年創辦了世傑集團,而這也進入了我人生創業的第三個十年。同時,早在9年前正式啟動公司的那一天,

⇄ **陳豪的勇氣哲學**
被拒絕是必然的，不要被失望的心情擊倒，
要時時調整方向，不斷地嘗試，
總會找到一個突破點，而走出屬於自己的一條路。

我就計畫好要走融資上市這條路。

世傑集團（Circle International Holdings Limited）在
創立初期，主要為企業主提供品牌策劃與宣傳方面的服
務。之後，我有感擁有智慧財產權與品牌的重要性，進而
打造了媒體品牌《企點》商業雜誌。《企點》的起始是一個
聚焦中文商業資訊與名人專訪的商業性雜誌，雜誌的發
行遍佈馬來西亞、新加坡與汶萊。

直至2015年，由於互聯網科技的普及，媒體也經歷了
顛覆性的變革，而《企點》也從傳統的紙媒變成以中文商
業資訊為主的垂直性移動終端媒體APP。《企點》從傳統
紙媒進入互聯網的世界，以互聯網思維打造全新商業媒
體平台，在少於兩年的時間內，累積超過20萬使用者，成
為東盟區域最快速成長的中文商業APP之一，實現了新
舊媒體的華麗轉身。

啟動上市的夢想前進

　　時代瞬息萬變，我認為如今的世界已經分為虛擬與實境，許多年輕一代側重網路的使用，往往在網路有著超高人氣和正面形象，但在現實世界卻無法與人相處；相對的，許多傳統企業在現實社會雖然有著良好品質與形象，但在網路的衝擊下，因無法隨著互聯網改變，而逐漸式微。

　　有鑑於此，我認為在高端科技年代，虛與實必須結合，傳統與互聯網生意必須平行發展，相輔相成，往往才能事半功倍。因此，除了《企點》，我也創辦了《世界傑出名人榜》，一個傑出人士與名人聚集的國際頒獎認證平台。《企點》為世傑集團帶來了廣告宣傳業績與深化了用戶之間的關係，而《世界傑出名人榜》則為世傑集團帶來了無限平台與優質人脈倍增的推動。

　　《世界傑出名人榜》創辦至今已經進入第六屆，榮獲獎項與認證的名人超過百人，當中包括：療傷歌后梁靜茹、馬來西亞女子壁球選手「妮可戴維」、中國國寶級藝人六小齡童、無腿勇士陳州、大馬歌唱新人李佩玲、博納影業總裁於冬、永和豆漿董事長林炳生、鱘龍魚養殖專家簡維和等等。除此，頒獎典禮也從馬來西亞邁向國際，分別在

北京、台灣、印尼、澳洲舉辦各種形式與《世界傑出名人榜》相關的啟動儀式、論壇峰會、講座等等。

我以虛實融合為企業發展主軸，將品牌服務往外延伸，務必將虛與實分裂的世界，重新融合。

發展至今，世傑集團的業務遍佈在世界多個角落，包括印尼、中國、上海、台灣及澳洲，網路及實體業務同行進行。在世傑國際控股集團轄下有多間跨國企業公司，包括世傑國際有限公司(香港)、世傑國際媒體、IMW廣告創意公司，每一個家公司的業務都有著不同的性質，主打媒體、資訊科技與品牌宣傳。

隨著企業快速發展的腳步，再加上遇上好的經營團隊，這更讓我更加想要帶領世傑集團的夥伴邁向企業上市之路前進。

或許有人覺得上市很可怕！是的，上市的確不是一件簡單的事情，它不只公司財務透明化，還要受到公眾的認同，更重要的是透過上市的機會，我才能帶領世傑集團向全世界拓展更大的機會。於是，我選擇在澳洲上市為目標，在取得股東及員工們的共識後，集團忍痛重組，也重新思維公司未來的大方向及目標，並經過多次嚴謹的審核，世傑集團終於通過澳洲股票交易所的批准，在 2017年第三

季於澳洲國家證券交易所的第二交易板（NSX）上市。

上市過程中的困難及克服

有人問我，為什麼要選在澳洲上市？其實無論在哪個證券交易所上市，都須要經過嚴謹的上市程式。而上市的條件，很大程度取決於企業本身的管控和治理能力。我意識到這點，於是一開始就要開始計畫好，然後一年一年去做，從基礎做起。首先把公司藍圖規劃好，可以說公司創立前三年，我們都在做基礎工作，依照合規，把公司盈利、帳目、稅務等方方面面處理好，讓公司處於健康的狀態。到了第三年之後，如果覺得公司的成長已走在軌道上，則開始請專員加入，比如諮詢顧問，一起研討上市的步驟與行動。一直到這裡，上市的真正佈局才算展開。

再加上，世傑集團是以用戶為主的區域性數碼廣告媒體科技公司，集團在也將會擴充廣告與電子商務方面的業務到各個區域。在考量過馬來西亞、英國倫敦等地區，

⇄**陳豪的勇氣哲學**
一步一腳印的方式去實踐，只要成功克服了那個點，
人生及事業體就會往更上一個層次走去。

但顧及門檻、穩定性、伸縮性、科技、新興行業等等的集團上市關鍵能力，最終選擇澳洲 NSX——一個比較有靈活性以及歡迎海外科技公司的交易所。

不過，真的開始執行申請過程時，才是挑戰的開始，因為選擇在海外上市，所涉及的各方面事項，包括專業團隊、文書處理和費用，都要依照「國際化」標準和要求行事。而且所需支出、工作量和團隊結構，比想像中更繁複，整體上市成本也會稍高。雖然我們從幾年前就開始打好公司的內部基礎，但是實際面對整個過程，還是有很多超乎我們想像的文書工作要處理，才能達到澳洲國家證券交易所的上市要求。

尤其我們的集團來自馬來西亞，而控股公司在開曼群島，上市地點澳洲，在香港也有公司。上市的交易處理，必得牽涉到四個國家的標準、法規和要求。過程中須要大量的溝通、繁重的文書工作，反復審核，花費很多精神，而且整個上市所花費的費用約用了兩、三百萬馬幣，超出我們

預期。

　而且上市後緊接著就要履行身為上市公司的義務，例如每三個月一次的報告和董事會議。這意味著公司須要更強大後勤團隊，支撐上市企業該進行的工作和義務，並且要做到準時、有效和準確。從私人公司到上市公司，確實是一項大轉變，雖然之前已經有所準備，但真正身在其中，才感受到那種緊湊和不同之處。上市，確實是企業和企業家的一項大功課，我們都正適應中。但好處是，公司一切變得透明化，帳目清晰，有條理。若須要向公眾發告示或消息，也能清楚、及時發出讓公司內部運作達到平衡、效率，才能對外給公眾利益。

上市後來帶的優勢及未來期許

　即便如此，我認為，上市可以用「先苦後甜」來形容。上市表示我們已經跨過了一個門檻，是公司能力的表現。這對於我們推廣國際業務很有幫助，很多人知道我們經過了澳洲證券交易所的上市程式，都對我們公司有信心，曉得我們團隊做事必定認真，這樣以來，接下來的行銷和業務工作也許會順利一點。

　公司上市後，企業的定量和定性條件一切都井井有條，

⇄**陳豪的勇氣哲學**

做任何一件事情先別想成功，而是先把基礎功打好，
只要做到了極致，找市場定位，才有機會向成功靠攏。

資料全有理有據。這不只是為了履行上市義務，對公司來
說，這些資料，是分析企業營運的資料。我們可以用來參
考、計畫和做決策，哪個部分可以往前走，哪個部分要再
考慮，非常有用。

現在我回頭想想，會走向這個階段，說不一定這就是我
血液裡有著藝術家及音樂人的自尊，對音樂有著超高的
要求與標準所致。

但同時，這也是發展事業時的致命傷，就是藝術家都十
分有自己的想法，遇到問題時情緒往往會操控著理性。但
畢竟要從音樂人變身為企業領導人，所以在自我情緒掌
控的課程裡，投入不少心力在學習。因為唯有自我冷靜，
才能看清問題在哪裡，才能理性判斷。

另一個令我受挫折的地方，在於人事情感的處理。即便
現在互聯網很厲害，但是人與人之間互動以及找到切點
還是很重要的。我發現在帶領團隊轉型前進時，若是其他
夥伴跟你沒有共同理念及同理心，這個組織很可能走到

一個點就容易瓦解；這也意謂著組織團隊裡大家必須要擁有相同的理念，才能同舟共濟；核心力若很強，遇到再大的問題，也會過關的。

在這過程中，我的視野也變得更大更廣，同時也發現很多事情必須一步步去做，不能求快，步伐要循序漸進，尤其是前幾年。有時候求快反而做不好，一旦卡在某個點，則被迫後退再處理，更浪費時間。

面對未來，世傑集團將會注重於智慧推送廣告方面的技術研發，並透過人工智慧與大資料，精准預測與分析使用者行為和消費模式。透過這些科技技術，將能大幅度提升其媒體品牌《企點》在下放廣告方面的效率與精准度。同時，我也希望《企點》不只是媒體，更是一個資源互相對接的金融科技平台，晉升成為每個企業的起始點與未來發展的連接點。

鼓舞人心的十個勇氣

關於 陳豪（Dato' Brian Tan）

現任》　世傑國際控股集團的創辦人兼首席執行長

學歷》　University Of Wales Advanced Diploma 錄音工程

曾任》　《猜測》與《胡思亂想》作詞人、無印良品（光良、品冠）、
　　　　　林俊傑、阿杜、楊偉漢、張智成等專輯音樂製作、
　　　　　Music4nothing.com 亞太區中文部音樂總監、海蝶音樂集
　　　　　團及海螺連鎖餐飲事業董事經理

連絡方式》歡迎加入 Facebook：
　　　　　Circle International Holdings Limited 粉絲團
　　　　　https://www.facebook.com/circlecorpgroup/

勇氣 **3**

「命由己造，相由心生。
做自己人生戰士。」

——藍海創新團隊（Blue Ocean Innovative Team）
創始人、全方位品管碩士（Master in TQM ）
黃繽豐（Albert Wong L.K.)

鼓舞人心的十個勇氣

咖啡店之子翻轉人生，成為馬來西亞高級特許理財投資大師

我的人生哲理，就是活在當下

前言

對世界有看法，對生活有思想，才能形成自己的哲理，才是一個充滿力量的人。且看 Albert 黃繢豐碩士如何克服生活的逆境，從失恃、求學、罹癌、治療到創業成為馬來西亞高級特許理財投資大師，這一路走來，他是如何提出勇氣再開創屬於自己的一片天地呢？

　　關於哲理，有太多標準。學者的言論稱之為「哲理」，那是因為，學者的學識豐富，思想深邃，總是能站在大多數人的立場，並超越普通人而作出自己的看法。。

　　但對一般人來說，何謂「哲理」呢？

　　我認為哲理是：一種在歷經磨難與歲月更替中得出的飽含情感的哲理。這種哲理可以是學者的，也可以是個人，只要是對世界對事物的看法皆可形成自己的哲理。任何人都可以從世界的變化中，發現並通過自己的親身體驗，得到自己的看法，形成自己的獨特的哲理。這意義更像是從生活中得來的經驗之談，這個經驗之談往往帶著切膚之痛的深深印記，是一種對世界對生活的深情告白，也是對人生對境遇的宣言——那就是，任世界如何變化，我自有屬於自己的應對辦法。

　　我認為，一個能思想的人，才真是一個力量無邊的人。對世界有看法，對生活有思想，才能形成自己的哲理，才是一個充滿力量的人。

　　如果說思想的力量無窮，那麼能在紛雜的世間，看清纏繞於眼前的凌亂，釐清頭緒，摒棄雜念，才能找到屬於自己的哲理。而這個哲理可以是來自日常生活的點滴，也可以是累積而成的厚重思緒，當然更重要的是，一定要是來

自於親身體驗的深切感受。只有這樣才能是真正的哲理，
才是充滿情懷的思想言論，才是帶著力量的自我宣誓。

人生第一次打擊：母親的病逝

曾經，我以為世界的哲理都是由學者告知我們，由書本
得來的道理。然而，經過幾十年風雨歲月，我從歲月的泥
濘中翻滾走來，跌倒又爬起，艱難中一直向前，我才明白
一切的哲理就是日日存於腦海裡的生活的頓悟。由此，我
知道，來自於心底的聲音，說給未來以及遠方的話語，就
是我的哲理。

回首往事，記憶的閘門如潮水般襲面而來，洶湧翻滾著
浪花。而這浪花裡有苦澀、有辛辣，還有心酸。

小時候，因為家庭貧困，大姐18歲早早出嫁，其他幾個
哥哥姐姐也都分別寄居在親戚家裡。二哥、三哥也都放棄
念書，去學修理摩托車謀生。在我6歲那年，母親患病多日，
家裡只剩三個姐姐，一個哥哥和我，生活來源僅靠父親那
點微薄的收入。

原本就很拮据的生活，在母親患鼻咽癌後，家裡的日
子更加難過。要給母親看病，又要養這麼多個孩子，還要
上學，父親不多的收入更是捉襟見肘。就算這樣，大家依

然盡全力想留住母親的生命，一家人用全部積蓄給母親看病，可是母親的病依然愈來愈嚴重。

有一日，父親從醫院回來，陰沉著臉，十分難看，我放學回來不敢大聲講話，姐姐們擠在一起低著頭，眼睛紅紅的。哥哥看見我回來，把我叫到一旁，對我說，媽媽的病已經無法醫好，應該很快就要離我們而去。哥哥的話還未說完，我的眼淚就流了下來，因為我知道從此我便沒有了媽媽。可是，我們這麼多兄妹，都只能這樣，身為幼年稚子的我還能怎麼辦呢？那時，我心中就這樣想著：「病魔，竟然是如此的可恨和無情。」

轉折：在夾縫生活中爭取讀書學習機會

不久後，母親去世。家裡給母親辦完喪事。當時的我才7歲，那年我們全家搬到小山城，開了一間咖啡店求生存。從此，兄妹幾個艱難求生，互相依偎的日子開始了。那時，姐姐們住在橡膠園裡，距離咖啡店大約四、五公里，因為

⇄ **黃繽豐的勇氣哲學**
生活本身就是活著體驗美好、
追求夢想與感受人間的酸甜苦辣。

晚上沒有路燈，因此姐姐們十分害怕晚上顧店，只有我不怕，再加上我是最準時和守時的那一個人，所以擔起這個責任，睡在店裡。

睡覺的時候用幾張店裡的木椅子拼起來，就是我臨時的床，睡在上面硬邦邦不說，有時我還會從上面摔下來，但我覺得只要開店就有了錢，就能上學。於是，為了能上學的使命，我一直看守了咖啡店10年。

我每天早上 4點起來，開始一天的生活，自己匆匆洗漱完就要去燒炭煮水。與此同時，姐姐們會在家裡煮飯，然後將熱氣騰騰的飯裝進飯桶，兩姐妹再騎著摩托車，穿過黑漆漆的紅泥路，將必需品帶到咖啡店。這時，我已經煮好水，將近5點的時候，姐姐們來到店裡，我們打開門開店；然後，我跟隨姐姐們去把她們帶來的早飯準備好，好迎接第一批客人，就是在附近割膠的工人和板廠的勞工紛紛來到店裡，大家一起吃早餐。吃完早餐，大約7點鐘左右，當姐姐們在店裡忙著，其他人幹活，我終於可以去

⇄ **黃繽豐的勇氣哲學**
只要堅持夢想，確定目標，終有一天可以圓夢。

上學。

　從那時起，我就有一個幼小的夢想：希望可以從書中找到自己的人生，找到理想的生活。我猶如一個迷路的孩子走進一片茂密的森林，我知道路就在前方，就在現實的迷霧中，只要努力一定可以找到屬於自己的方向。

　下午1點，我放學回到咖啡店。姐姐們在忙碌著，客人們悠閒地喝著咖啡，咖啡店彌漫著一股咖啡的香氣，引誘著早已饑腸轆轆的我。然而，並沒有午餐等著我，我只有自己胡亂找些食物，隨便往嘴裡一塞，用來填飽肚子。日子就這樣不鹹不淡地過著，姐姐們操持著咖啡店，這是全家人唯一的生活來源，似乎沒有人想過夢想的事情，更沒有人考慮過應該怎樣來擺脫這種生活。在大家的意識中，現在已經很好了，吃飽穿暖便是安穩幸福的生活。

人生第二次打擊：爸爸不讓我上大學

　法國飛行員兼作家安托萬・德・聖修伯里所創作的《小王子》一書裡說：「生活的意義在於生活本身。」生活本身就是活著體驗美好、追求夢想與感受人間的酸甜苦辣。而我認為生活的意義，就是把每一天、每一當下都能好好得過，能從日復一日的生活瑣碎中找到屬於自己的希望，並

> ⇄ **黃繽豐的勇氣哲學**
> 成功不屬於年齡，只在於有沒有堅定地、勇敢地做下去。
> 如果堅持和不放棄，任何年齡都可以重新開始，
> 任何時候都是機會。

把這種希望用來激勵自己，給予自己力量。這就是生活的本質，是人生意義。

幾年後，我上中學了。大約是因為我做事很能幹，人又踏實，經常來店裡的老顧客看我學習非常不錯，就問我姐姐們：「你們打算怎樣安排繽豐的前途呢？」姐姐們都回答說：「不知道，就看他自己的宿命吧。」老顧客說：「這可不行！繽豐，可不是你們一般的兄弟姐妹，他前途無量，你們可以把他送出去離開這座小城市。」這句話給了我的很大的希望，也讓姐姐們知道，一切的未來要都要想辦法去爭取，去創造，等待是帶不來任何改變的。於是，我和姐姐們開始想辦法，找大哥來協助，經過很多努力，我成功轉校到馬六甲育民中學。終於，我由此開啟了新的學習生涯，我的人生之路從這裡翻開了新的篇章。

兩年後，我獲得進入大學的資格。但是，老家傳來消息，爸爸不願意支持我上大學，因為家裡的兄弟姐妹都沒有讀書，我能上高中，已經遠遠超越了他們。在父親那時的

心中，讀書並不能帶給家裡什麼利益，也不意味著將來會有什麼不同；所以，他認為所有人都應該像姐姐們那樣在咖啡店度過平淡簡單的一生。但他並不知道通過學習可以帶來改變。所以無可奈何之下，我沒能去上大學。

但我，並不是那個甘於一輩子困在小城市咖啡店的人。我知道，就算暫時放棄上大學，只要堅持夢想，確定目標，終有一天可以圓夢。

轉折：只要有心，靠著打工也能完成唸大學夢想

如果說人生的初始體驗是一個人最深的記憶，那麼我18歲以前的記憶中，大多是充滿無奈和酸楚的——不能由自己做主的時候，是倍感難過的。那時，處在青春期稚嫩的我第一次感到人生的無奈，這種無奈是對於他人，對於環境的無奈。

多年後，直到我遇到更大的一件事，我才明白，這種無奈是可以靠自己去扭轉，去爭取的；而有的無奈除了歎息外，還要拼命去戰勝，因為，你若不戰勝它，那你將會被它打敗。縱然如此，我依然相信：只要心中有夢想，就算暫時不能前往，也可以把夢想放在心底，堅定地存在腦海裡，換一個方式曲折迂迴地前進，夢想就會在彼岸招手。

　　如果說人生總是充滿遺憾，那帶著無奈前進也不失為另一種辦法。

　　18歲的我開始了打工生涯，從銷售做起。我一邊做銷售，一邊努力存錢，我想儘早存到錢就可以去上大學。或許是我的心聲被老天聽到了，或者是它不會虧待我這樣勤快又努力的人，因此做銷售才短短一年半的時間，我就積攢了高達2萬8千元的馬幣（折合台幣22萬元左右）存款。拿著這筆不菲的積蓄，我的心中重新燃起了上大學的火苗，我想重新申請上大學。但是，當時的大環境不好，整個世界經濟不景氣。如果我去上大學，那麼大學四年後經濟還是這般該怎麼辦？也許我可以繼續打工賺更多的錢，畢竟有了錢，想做什麼事情都可以。

　　我站在十字路口，不知該往哪裡前行：一邊是嚮往已久的夢想，一邊是現實的誘惑。我看到未來的路在我眼前展開，兩條不一樣的路通向不一樣的未來。我知道選擇其中任何一條，將會給我的人生帶來很大影響。於是我站在這個十字路口，回頭看看過往，心底那個微弱而燦爛的大學夢告訴我說，上大學的機會可遇而不可求，倘若再一次失之交臂，我也許永遠就不再有機會走入大學的校門。而賺錢的機會什麼時候都會有，我能做的就是不要浪費生命

的每一個時光,不能放棄實現夢想的機會。想到這裡,我
毅然而然選擇進入大學深造。

四年大學生活充實而快樂,我像一隻飛入森林的鳥兒,
哪裡都是新鮮的美麗的風景。我從這裡到哪裡,瘋狂地吸
取營養。我知道,大學的意義不僅在於知識的獲得,更在
於自己從大學裡找到讓夢想發光發亮的辦法——那就
是,學習帶給我的快樂。

我認為,學習就是一個自我塑造的過程,是我們從混沌
走向睿智的最佳途徑。學習的意義是讓自己的內心充盈
和強大,由此我才能知道怎麼樣去實現夢想,才能知道世
界原來比我想像的還要大還要多,才能知道只要不放棄,
任何時候都可以從學習中獲得樂趣。所以說,學習更像是
一場修行,它引導我們在紛擾的塵世中看清自我,賦予我
們一種即使生活雞飛狗跳,也能聽清自己內心聲音的淡
然。因此,我非常喜愛學習。即使大學畢業工作後,我還不
斷進修,到後來我又讀了碩士。

人生第三次打擊：罹患鼻咽癌，改寫人生藍圖

人到中年，我終於過上了大多數人的生活——結婚生子，高薪與安穩的生活，我以為一切都會朝著這個方向走下去。直到42歲那年，一張寫著鼻咽癌的判斷結果將我驚醒。我開始了痛苦的癌症治療，在治療中我才明白：金錢不是最重要的。

人生其實很短，短到也許夢想才剛剛開始，就好像要結束了。

然而，痛苦也許會帶來思考，也許會讓人明白：與其平庸過這一生，不如大膽向前，勇敢追逐夢想，才能在有限的生命裡留下屬於自己的印記。

經過長達一半年的癌症治療，我放棄了工作20年，月薪為馬幣2萬元(折合台幣15萬元)的崗位。當獲得新生的那一刻，我終於明白，雨過天晴，才能見彩虹；陽光總在風雨之後，收穫總在傷痛中。

而且從那時起我開始重新審視過去的幾十年，童年時期有很多無奈，那是因為弱小的我無力與之對抗，少年時無奈是因為自己沒有主權。而現在，我可以主宰我的生活，我的一切由自己決定。然後，我知道，也許一切都可以重來。

　　沒錯！人生可以重來，人生什麼時候都只是剛剛開始，是今天，也是明天，是每一個當下。最重要的是，我喜歡從當下出發，去抓住夢想；更喜歡做一個獵人，尋找目標，堅定信念，瞄準目標，制定計畫，然後，靜靜積蓄力量，在每一個關鍵時刻，使出全身力氣將獵物抓獲。是的，我喜歡給自己制定計畫，喜歡挑戰。喜歡闖向任何一個未知的領域，只因我有著獵人一般的心態，那就是不甘於平凡和安定，追逐和獲取是我喜歡與嚮往的生活。

強者，是在挫折中展示自信

　　還記得，在我做銷售的一件事情：某次我去拜訪一位大客戶，這位大客戶的刁鑽我早已有所耳聞，因此在公司裡，大家都不想去跟這個人接觸。但是，如果能與他做生意，將會是一筆很大的金額。

　　為了爭取這個客戶，我在拜訪前，已做了很多功課，包括我對他公司進行長達一周的深入研究，我查閱了很多

> ⇄黃繽豐的勇氣哲學
> 瘋狂到足以讓他們認為自己可以改變世界的人，
> 就是會自我改變升級的人！

⇄**黃繽豐的勇氣哲學**
從當下出發，去抓住夢想。

資料，找到了他們產品與我們產品的契合點，也對他的處事風格和作風經過了多方面的研究。在當下，我覺得，只要彼此見面，我應該有著很大的把握能拿下這位客戶。因此，我懷抱著很大的希望去拜訪他。

但是，當我走進他辦公室的那一刻，他的眼光只淡淡地看了我一眼，我準備充足的那些話語全都不見了，我的第一次拜訪就這樣失敗了。後來，我思考了很多，才明白，我丟失了最重要的自信心。雖然準備充足，但是自信才是一切行動的源泉，倘若沒有自信，任何事情就會成為空中樓閣。當想清楚後，我調整方法，改變了自己，重新建立了自信心，當然，最後我成功做成生意，拿下那張金額不小的訂單。

於是，我便知道，做事與做人一樣，相信自己是第一要素。要像獵人一樣不斷開拓自己的領域，需要的是更強大的自信，還有征戰江湖的勇氣。只有擁著這些，才能無所畏懼地朝著既定的目標前進。

有人說：「強者，在謙卑中流露自信。」

但我說：「強者，在挫折中展示自信。」因為只有在挫折與傷痛中才會明白：人生的意義是什麼，才能充分領悟生命的可貴，才知珍惜生命就是要建立強大的自信，還要學著跟自己、跟周圍的人和解，學會諒解和遺忘錯誤，就能重獲新生。

重來的生命是上天的饋贈，所以活在當下

幾年的癌症治療過程是極其痛苦的，我不斷地堅持和對抗病魔，在治療中我更加明白，倘若給我重新開始的機會，我一定緊緊抓住。

後來癌症痊癒後，我重新尋找人生路，放棄了過去工作幾十年的方向，從一個全新的未知領域出發。我喜歡掌控自己的生活，我一旦決定就一定會全力以赴地做好。當然，我更像一個獵人一樣在不斷追逐，因為我相信，成功不屬於年齡，只在於有沒有堅定地，勇敢地做。如果堅持和不放棄，任何年齡都可以重新開始，任何時候都是機會。

我更堅信，重來的生命是上天的饋贈。如果我不能認真對待老天給我的新生命，我怎能保持內心的寧靜。

我還深信一切的機會都在自己手中，每一個當下都是

最好的時機，我能做的就是立足當下，把握每一天，用決勝將來的勇氣，大步向前，像一名烈士一樣，無所畏懼，勇往直前，在所不辭。

還記得，在我剛得知患癌的時候，我覺得命運在給我開玩笑，我不願相信，也不敢相信；因為我從來沒有思考過這個事情會落在我的身上。我以為我堅強如鐵，剛硬如牆，無堅不摧。但是，當病痛擺在我的面前，我終於明白，沒有人可以逃脫生命的輪迴。

儘管如此，我依然可以選擇自己剩下來的生活應該要怎麼過。因為，不甘於擺佈，才能贏得自己的勝利。

我思考過往，發現這一切都是我自己造成的，沒有人能給予我傷痛，所有的結果都是來自於曾經的累積和演變，當走到今天，一切不都是順其自然嗎？

所以，我知道，我患病的原因很大程度來自於曾經的那些放不開，在心裡積累成的結。明白就好，想清楚這一切，我才知道，日常的一思一念都在創造將來，也在改變將來。每一個當下和現在的想法組成了我們的未來，促成了將來。所以，看清當下，才能明白未來；把握當下，才能抓住將來。

唯有改變自己心態，才是人生轉折的救世主

　　當戰勝病魔後，我開始全新的一切，重新開始的感覺真好。曾經，我以為我像一個孩子一樣走在森林裡，道路光明而充滿迷霧，只要努力向前就行。現在，我更像一個獵人一樣站在森林中，四周皆是清晰而明確，道路從眼前展開，平坦中有曲折，寬闊與狹窄交錯，然後一路延伸到遠方。於是我邁開雙腳，踏步走上來，足印是堅定而深刻的，每一個痕跡都帶著過去的記憶，更充滿著新生的力量。

　　因為我知道，這將一條嶄新的路，也將是一條充滿希望的路。也因為患癌之後，我的一切都將與過去不一樣，我的一切都是新的明天，我從每一個當下走向未來。

　　如果說生命的經歷，都是來自於過去。那麼走到今天，更是無數個過去相連接到今天。我感謝過去的艱難，因為這些艱難促使了我的成長；我感謝過去的磨礪，因為這些磨礪給了我不畏的勇氣；我感謝過去的無奈，因為這些無奈讓我更加珍惜目前我所擁有的這一切。學著忘記傷痛，

⇄ **黃繽豐的勇氣哲學**
開拓領域，需要的是更強大的自信，還有征戰江湖的勇氣。
只有擁著這些，才能無所畏懼地朝著既定的目標前進。

鼓舞人心的十個勇氣

> ⇄**黃繽豐的勇氣哲學**
> 立足當下，把握每一天，用決勝將來的勇氣，大步向前。

感謝過去，就能融化一切，如果把憎恨融化，甚至可以使癌症痊癒。

不糾纏過去的困頓，從傷痛中獲取力

有人說：「不念過往，不畏將來，如此，安好。」不念過往的一切錯誤，不糾纏過去的困頓，從傷痛中獲取力量，原諒他人，就能改變心境。更要學會原諒過去的自己，學著跟自己和解，不內疚、不批評、不矛盾，讓歲月中流逝的都隨風而去。

我們只需要看在當下，只因，每一個當下才是真實的，每一個當下才是牢固的，每一個當下才是可以抓住的，執著於夢想，開始於當下。

有的人值得你去融化，

有的恨值得你去和解。我最害怕的是憎恨、批評和內疚，只因這些消耗的是我自己，對別人沒有任何損失。所有的不原諒和憎恨都來自於對過去的不能忘懷，這是最不值得的。

因為世間這般美好，一切都與他人無關，我能有的就只有自己。因此，敞開心懷，把憎恨融化，把愛灌注，用平和的釋懷的心看待一切，才會明白，真正的一切只與自己有關，真正的諒解不過是原諒自己。

沒有人是我們的救世主，唯有自己才是一切的源泉。

有人說：「要保持空杯的心態。」其實，空杯的心態就是隨時學會接納自己，原諒他人，只有我們空著的心才足夠透明、足夠堅定、足夠純粹，用與世界和解的態度，來著力每一個當下，做好每一次努力，才是真正的智者，才是真正的哲理。

關於 黃績豐（Albert Wong L.K.）碩士

現任》 藍海創新團隊（Blue Ocean Innovative Team）創始人、馬來西亞經驗豐富的註冊財務規劃師、投資專家、特許單位信託基金投資顧問、特許生產線顧問（Certified Manufacturing Consultant）、企業顧問、退休計劃教練、教育基金計劃、高級投資大師、風險管理專家、大眾信托基金公司講師，並擁有全方位品管碩士（MASTER IN TQM）、有 19 年以上剎車片專家包括生產、銷售、品牌定位

曾任》 在富爸爸平台擔任 Founder and CEO、
在 Independent Business Owner 平台
擔任 Owner-operator/Executive Consultant、
在 Nisshinbo Autopart Sdn.Bhd 擔任 Founder & CEO、
在 Ishikawa Management Consultancy Sdn Bhd.
擔任 Founder and CEO

連絡方式》 加入個人微信帳號：albertwonglk
或個人 Email：mylifemychoice683@gmail.com
或加入粉絲團：
https://www.facebook.com/Ichoosemylifedestiny/

勇氣 4

「跌倒並不可怕，可怕的是躺在那邊不站起來！」

——馬來西亞音樂創作者

郭學儒（Michael）

面對現實的勇氣，挑戰生命中的所有逆境

只要生命還在，
一切都還有可能

前言

一出世就註定了要過不平凡生活的生活——郭學儒 Michael
曾經在 17 歲患上憂鬱症而退學，但是不甘於平凡的他卻沒有
因此放棄生命，放棄自己，反而積極面對生活，並開始接觸
搖滾樂及吉他，抒發情感。後來入圍馬來西亞 Astro 新秀比
賽創作賽的 5 強，其充沛的創作能量開始備受注意，開啟他
的音樂事業之路，而這中間，他是如何熬過來的呢？如何提
出勇氣改變呢？

　　雲頂高原（Genting Highlands），位於馬來半島蒂迪旺沙山脈，海拔1,865公尺上，是馬來西亞彭亨文冬縣的著名高原景點，距離首都吉隆坡市中心約一小時的車程，被稱為「雲端上的娛樂城」，又有「雲頂名勝世界」之稱。而我家，就在雲頂山腳下～文冬市內的小鄉鎮——加叻。可是我父親勞苦半輩子，卻從未上過雲頂一次，因為他把時間和精神都放在菜園裡。

　　因為，我家是建在私墾菜園裡，由父母親張羅搭建的違建房子。由於當時土地是私墾的，所以沒有得到任何賠償就被驅趕了。而當時菜園就是現今馬來西亞的國家體育館武吉加里爾。

菜園長大的孩子　搬17次家的童年

　　父親是菜農，刻苦耐勞，記憶裡的童年，一直是在搬家。古時候，孟母因為孟子的教育問題，留下孟母三遷的千年佳話，而我們家硬是搬了17次家。因為，父親以種菜為生，菜園的地卻不是我們的，父親特別選在山壁下搭起房子，為的就是想避開城市開發商的影響，一旦城市向外圍擴張的進度到了菜園，我們家就會被驅趕，這也是為什我們之所以搬那麼多次家的原因，也是父親始終選擇違建房

子的考量，因為土地不是我們家自己的。

達建屋就搭在菜園裡，沒有水、沒有電，屋後有一口井，是用來洗滌物品使用，因為再更往後是垃圾掩埋集中區，井水不宜作為飲用水。小時候沒想過，家裡的「飲用水」怎麼來？只是母親每次去親戚家都會討些自來水回來。

臨時搭蓋的房子，一遇到下雨天，屋子裡頭就要放上很多的瓶瓶罐罐，因為外面下雨，家裡滴雨，現在回想起來，那滴滴答答的聲音也許是我的音樂啟蒙呢！不過，下雨天卻是我睡得最安穩舒服的，因為我很怕熱。母親總是先把我放進搖床裡搖，搖動間帶動風，等我睡穩了，母親再把我抱進房裡睡。往往，我睡到半夜熱醒，全身熱的發汗，翻身睡得不安，這時候母親便會拿著搧子朝我搧啊……。童年最美好的回憶，都是跟菜園有關，在菜園裡玩耍、跟菜園裡的狗狗追逐、跳下河裡戲水。然而，一旦城市發展的腳步逼進，我們又得被迫搬家，每搬一次，就窮一次。

這樣的惡循環一直到父親咬緊牙關在加吻買下一塊

⇄ **郭學儒的勇氣哲學**
所有的成功都是一點一點累積。

地才結束。但在還沒付完所有的貸款之前,父親都不敢買房子,為了我的上學方便,全家在學校旁邊租房子。

貴人,成就音樂之路

非常感謝父母親做了這個決定,如此一來,我走路就可以到學校,生活也因此多采多姿。以前,住在城市外圍的菜園,但母親覺得外頭危險,小孩子放學後回家,是不能再出門。現在,父親在鄉下買地、租屋在學校旁,我就能參加課後的社團活動。

我參加了青年團體,遇上大專下鄉服務團,第一次接觸音樂,懂得寫歌,開始了成長之路。

17歲那一年,就讀理科班的我得了憂鬱症,輟學在家。慶幸的是遇上一位很好的數學老師,也是社團的合作伙伴,老師把我接回他家住,我早上去一個只有 6個學生的小學校當義工,下午待老師放學回來,我接著練習老師帶回來的功課,加上之前的學科底子不弱,最後我通過測驗,拿到馬來西亞教育文憑(馬來語 Sijil Pelajuran Malaysia;SPM)。

中學畢業,父親問了一句話:「接下來你要做什麼?」

「家裡供我上課、繼續深造的話,我只想學一樣東西,學

音樂。」我如此回父親。

父親直接回：「學音樂，那給不了吃。而且家裡也沒有錢。」

「我明白。那就不要浪費家裡的錢，以及我的時間。」我很清楚自己要的是什麼。因為我若是學其他的，基本上就是浪費時間與金錢。我會自己去找自己的路。

當時，很幸運地，小學校長知道我的SPM成績，打了一通電話給我，問我有沒有興趣來學校當臨時教師。毫不猶豫的，我接下了這份教職工作，一當就是3年。早上授課，中午任秘書，晚上再跑補習班。在如此緊密的生活節奏，我腦子裡想的只是：把錢找來，然後繼續做我很想做的音樂。

從這個想法出發，工作之餘，剩下的時間全投入音樂工作。每個週六、週日，只要有音樂表演的邀約，我就去表演。只要有舞台，我就去了，甚至有些無償演出，我也接受。在這裡重申：無償演出並不是破壞市場，主要是因為自覺沒有專業資格收費，所以只要有人願意給予舞台機會，我就厚著臉皮帶著夥伴去了。非常感恩當時的一群熱血小夥伴，都願意和我一起不為銀子付出。

入圍 Astro，組團勇闖音樂創作大賽

　　所有的成功都是一點一點累積。我舉脆皮燒肉為例，很多人都覺得去菜市場採買菜、肉回來，放進烤箱，烤好拿出來，就叫作「脆皮燒肉」。真的是這麼簡單嗎？製作過程的工序呢？人們往往只看到店家在11點鐘把燒肉掛上架販售，午後兩點收工。問題是在上架前的工作，如肉品醃一整夜、燒烤的溫度火候等，大部分的人只看到表面的美好。

　　朋友便曾對我說：「不是每個人都可以像你一樣，做自己有興趣的事情。」生活所逼，還是面對現實。我心想，「難道我沒有面對現實嗎？」

　　因為沒有音樂、表演專業背景，有任何可以增進音樂能力的機會，我都會去嘗試。在舞台上，我當過主持人、演過相聲話劇、跳舞等，每一次的舞台經驗都讓我獲益很多。

　　2003年初，機會來了。

　　當年馬來西亞福建會館主辦全國福聯青華語歌曲創

> **⇄郭學儒的勇氣哲學**
> 做音樂最終還是要靠自己，靠不了別人；自己要先做出成績，
> 才會有人來支持。

鼓舞人心的十個勇氣

作比賽，我入圍東海岸區域賽。因為這個比賽組了樂團，另找了一位老師負責編曲……零零總總的花費很大，但因為入圍創作比賽的人是我，我直覺認為費用應該要自己扛下。我試著從身邊朋友們、青年團體的音樂局來籌募經費，但都得不到支持，當下我有了另一番領悟：原來做音樂最終還是要靠自己，靠不了別人、靠不了團體與組織……，一定要自己先做出成績，才會有人來支持。

　　既然要靠自己，我應當要離開小地方，到大城市去2003年底，我辭掉所有工作，隻身到吉隆坡追夢，除了發展自己的安利事業外，也承接跟音樂有關的演出活動，如擔任本地藝人們新歌發表會的暖場來賓，包括品冠、林俊傑、蔡明佑等，或是跨年倒數的活動。

　　2008年，我和友人一起創作的《展翅高飛》這首歌被唱片公司發掘、發行，在大馬成為傳唱曲，像馬來西亞小學畢業歌、夏令營、學生青年團體都會選用這首曲子。初嚐走紅的滋味驗帶給我莫大的鼓舞，不禁心想：「其實我是OK的。我寫的歌是有人欣賞的。」對自己開始有那麼一點信心。

克服心魔，站上台唱自己寫的歌

2009年，馬來西亞Astro新秀大賽第一次舉行創作比賽，我抱著嘗試的心態去報名，沒想到獲得入圍前五強的好成績。然而，問題來了。

一直以來，我都是很害怕開口唱歌，因為心裡始終有一塊陰影，小學音樂老師曾在課堂上指著我說：「你的聲音很難聽，不要唱，其他同學繼續。」之後，有好長一段時間，我都不敢開口唱歌。

之前擔任遊民樂團主唱的原因是，成員裡只有我的聲音不會被樂器聲音蓋過去，所以我從吉他手變成主唱。我還記得當時參加一場校園活動，現場來了800人，團長唱了第一首後，全場沒反應，我全身發抖地接著唱王菲的《你快樂所以我快樂》台下傳來零零稀落掌聲，緊接著我選了黃義達的歌來唱，我開口唱了第一句，人群中後排突然爆出「黃義達」，高分貝的喊叫聲炒熱了氣氛，那時，我第一次感受到：「原來，還是可以的！」

如今Astro新秀創作大賽，再一次挑戰我開口的勇氣，這一次我必須站上大螢幕舞唱歌。按比賽規劃，須錄製 4 集，第 1集我找人來代唱，結果對方臨場忘詞，效果不佳；第 2場起，我就自己下場，或獨唱，或與他人合唱。

> **⇄ 郭學儒的勇氣哲學**
> 有時候，我們先付出，別問這項付出會產生多大的回饋。

　　登上Astro大螢幕舞臺，我正式出道。參加新秀創作大賽不僅帶給我正面肯定，也認識了一群喜歡音樂、熱愛創作的詞曲創作人及製作人，我們在2010年一同創作發行了一張《新年樂勢》專輯。

　　不同於傳統的新年歌曲必有的咚咚將將鼓聲，這張專輯以當時的流行音樂元素重新詮釋新年歌，專輯集結了5位歌手、收錄10首新曲創作，我個人寫了3首，從歌曲創作至收歌、錄製發行、宣傳活動等，都是自己一手安排接洽，發行2千張，賣出1400張，是一次很難得的經驗。

　　2011年，新年樂勢專輯的2首歌被本地電台（RTM）買下版權，作為新年賀歲節目使用。翌年，一家出版公司買下5首歌的版權，當中有2首是我的創作，經重新編曲後，改由兒童樂聲版，作為卡通的MV，這次發行5萬張，銷售量逾八成。

蝴蝶效應，不問回饋的付出

我覺得是這樣子的，原來有些事的起初只是想把這件事做出來，沒想到後續會產生蝴蝶效應，這世間上還是有人知道欣賞自己，來跟你要你的作品。有時候，我們先付出，別問這項付出會產生多大的回饋。

2012年，我跟製作人成立了「第一頻道」，在Youtube上發佈言論、笑話，或拍一些旅行、美食的片子，透過Youtube、Facebook傳送，經營社群媒體。後來，馬來西亞爆出硫酸隨機攻擊路人事件卻讓第一頻道爆紅。當時，我的製作人創了個icon，利用「變聲」的假音在網路上開罵批評整起事件，突然間，短短一週時間，頻道的點閱人聲爆增至1萬5千人次，而且持續上升……。

隨著點閱人數不斷向上攀升，第一頻道的製作內容也日趨低俗化，這樣的內容走向對於曾在頻道露過臉的我們是有包袱的。接下來，我將自己分化成另一個身分，就像張惠妹有「阿妹／阿密特」兩個身分一樣，頻道內容分成兩派。不過，道不同不相為謀，最終我還是選擇退出第一頻道，同時離開我堅持了好久的音樂這一塊。

一場手術後對「放手」的徹悟

整整6年，我沒在音樂領域發過聲。

那一段日子我經歷了人生低潮，失婚、失業、失友的三重打擊下，我對人生的價值觀起了一些想法。我總是想著：我到底在追求什麼？我到底要的是什麼？我到底是誰？

自己的健康狀態也是跌到谷底，因急性盲腸炎，我一個人在醫院住了一個多星期。住院期間，是我想最多的時候，特別是躺在手術房裡，聽護士說了一個多小時：我會怎麼死去？可能因輸血過程中，血液裡有 HIV 病毒；可能因盲腸炎擴展，感染到其他器官部位……對護士來說，只是手術前的例行性告知，盤桓在我腦海裡的是：有些事必須完成，在有生之年若不完成，我一定會覺得遺憾。

當下，我得出的結論是，如果這一次走不出那個手術台，那麼我的人生遺憾真的是很多。

手術後，我對兩件事是肯定的。一是健康，畢竟身體健康才有幸福；另一則是今後要有更多的走動、聯繫，聯絡老同學及親戚等，既然大家是有這麼一層關係在，為什麼會沒有溝通、沒有關注呢？對人生的感悟愈多，我寫的曲子也從早期的談情說愛，變成勵志歌曲。

我與前妻的情感糾結，也在這一次住院感悟後徹底

放下。我們倆是同鄉，自中學就認識了，談戀愛3年多就結婚，但因工作關係分隔兩地，前妻她認為我在發明星夢，之所以鼓勵我參加創作比賽，或許也有我失敗後會死心的成分在吧。兩個人的價值觀不同，在女兒滿月後漸行漸遠，甚至我住院期間連一句慰問也沒有。我執著的點，在住院期間打開了。

2016年辦好離婚手續，恢復單身後，開始我的「想飛就飛」旅程。

現在，回過頭去看那一段人生，其實是非常感謝我的前妻，為什麼呢？如果不是因為她，我不會那麼放的下手，放心遠飛，畢竟家裡有孩子和父母親。但是，我很安心的放下，因為我知道孩子在家鄉……。

擁抱愛我們的人，敞開心懷認識陌生人

飛出去吧。愈走愈多，感恩愈多，靈感愈多。我飛去雲南、飛去印度，而印度是我感悟最多的地方。在那裡，放下執著的我，寫下了《雨後彩虹》這首歌。歌詞開頭是這樣子的：

「*每天我很重複的過*
根本沒想過要改變什麼

⇄ **郭學儒的勇氣哲學**

困頓時，不妨先放下，走出去；愈走愈多，感恩愈多，靈感愈多。

深怕改變失敗受挫

反覆演練昨日的我⋯⋯」

這首歌道盡我的感悟。基本上許多人都陷在一個局裡，想變得不一樣，但每天卻重複過一樣的生活，每天重複做一樣的事情，卻想得到、期望不一樣的結果。這樣的情況，叫作精神錯亂吧。

世界上有三分之一的人，不管我們做什麼，他們都不會喜歡我們；世界上另有三分之一的人，就算我們什麼事都不做，躺著在那邊動也不動，他們也會很愛我們；世界上還有三分之一的人，我們不認識的陌生人。

很多時候，我們傾我們所有去討好那些不愛我們的人，忽略了那些愛我們的人，然後呢，不願意跟陌生人打交道，不願意敞開心胸去認識陌生人，惡性循環下，把自己搞得很痛苦。

其實，只要我們把專注焦點拉回來，放在那些愛我們的人。至於那些不愛我們的人就算了，不必去討好；志不

同,道不合。多跟陌生人結交朋友,陌生人很自然地就會變成愛我們的人。

所謂的吸引力法則,講得就是吸引跟自己同一頻道的人,想法、看法差不多的人,自己的格局會因此愈益寬廣。世界很大,圈子太小,但很多人就是被小小圈子綑綁住。

在飛的過程中,認識了很多人。事後發現,原來很多事是有很多緣份。2014年和現任女友的相識,便是在38,000英呎高空上。在2016年開始進行個人專輯製作時,需要服裝設計師的配合,與現任女友的緣份就在那時接上了。依稀記得是2017年的8月6日,在網路上看到一段話:

「要珍惜一個愛你的人或你愛的人,

因為他她不會重來,

如果遇到愛你或你愛的人,就好好的表白。」

那個晚上,我便跟現任女友表白。我向她交待了之前的關係,預告接下來我會出門一個月,彼此好好考慮是否適合在一起?是否能接受像我這樣失婚、有一雙子女的人?

第二天,我飛去老窩。

一個月後我回來,她來接機,給了我肯定的回覆。她說:雖然不知道前面會是如何,至少一起走過的路是不會後

悔的，那就OK，就走吧！

交往一週年，我還是覺得有點玄。對女友來說，她期待的是愛情，我需要的是一個可以陪伴一起走到老的人，希望這個伴兒是可以站在我身邊一起成長，無論是感情或事業上。我們倆一起在音樂上努力，也一塊兒合作經營潮牌服飾。

想飛就飛，我就是我

人生路途有愈來愈多的貴人不求任何回報的相助，但父母親的恩情，是我一切勇氣的來源。

某次母親接受採訪時，被問及我是在哪裡學音樂，她很遺憾自己沒有好好栽培我。我對母親說，其實我很慶幸自己沒有很容易得學音樂的資源，搞不好母親很容易地提供資源，我反而會不珍惜。正因為是自己很想要很要的，更是不記代價地爭取，想盡辦法去做這件事，非常感恩父母親讓我自由發揮。

父親退休後，我最大的心願是讓老人家看到我過去所努力的成果。父母親對於我的個人專輯滿是期待，每次在車上播放我的歌，他倆就會說，總有一天可以在大街小巷聽到你的歌被傳唱。

　　2016年，個人專輯企劃開案，我也是在那一年開始飛。一路上，愈來愈吸引到志同道合的人來，愈來愈多的資源出現，比如說出版一本書，讓我從詞曲創作者再多了作者的身分。如果是10年前發片，可能就沒有這樣的際遇。

　　在這張專輯，我做了4件有勇氣的挑戰，包括收錄十首創作歌曲、實體發行、現場伴奏原音錄製，以及非偶象派的歌手，我所做的僅是將自己堅持了20年的創作過程完整記錄下來。我對自己說，做這件事不後悔，不會有遺憾。感恩上天安排的一切，有過歷練才有現在的發表。專輯主打歌《我就是我》，歌詞的意義是這樣子：

　　「往後不管前頭會遇上什麼，

　　不愛我的，愛我的，我就是我。

　　你做你想要的、你應該做的，

　　我就是我，不管你接受不接受。」

　　是啊，我就是我。我會因為朋友的關係接下活動邀約，比如受邀去新加坡演出2小時，收到了兩個紅包，相當於

⇄ 郭學儒的勇氣哲學

所謂的吸引力法則，就是吸引跟自己想法、看法差不多的人，
自己的格局會因此愈益寬廣。

當天服務生一個月的所得。雖然有這樣的賺錢機會，我卻是經常推掉上門來的工作，看在朋友的眼裡覺得很奇怪，問我說：「怎麼不去駐唱？」駐唱時間一般是晚上9點至凌晨2點，唱歌的環境充滿煙味、酒味，若是出自於唱歌興趣、熱情才去，但往往駐唱是消磨意志，聽眾的人意不在聽歌，舞台上的歌手像是點唱機，久而會失去初衷。我認為，工作有意義，即使是沒有酬勞，我也願意去做；反之，給再多的費用，我也不會做。

可以選擇，是我們的福氣。

專輯裡有一首歌《我不是二世祖》，講的是個人的一段經驗，曾有親戚當面對著我說：「他何必幹什麼？他就是二世祖。」二世祖是粵語，講的是敗掉大秦江山的秦二世，沿用至今是貶義詞，貶那些靠著家裡有錢任意妄為的人。因為，一般人的認知裡，可以去做自己感興趣的事，而不是為錢，要麼是啃老，要麼就是家財萬貫。但，當時我去做音樂這件事，父母親的反應是有點大的。

17歲的我，但凡事情一來，自己接受不了，便會進入憂鬱狀態，曾想了100種不痛苦的自殺方法。但是走過那段憂鬱年少，走過人生低潮，我覺得能活著，才是最重要的。當我處在人生低潮，經常想的是：為什麼要活著？

最終活下來，就是一種勇氣，一種面對問題的
勇氣。有時候，自己也不知道哪裡來的勇氣，
難道是跟梁靜茹借嗎？有些人選擇逃避，
我也曾是一名逃兵。但在沈澱情緒，想
一想之後，發現其實沒什麼大不了，
飛去一些地方走走，對於生命有了
感悟，「我很幸福！只要生命還存
在，一切都還有可能。」最怕的是，
受了創傷跌倒，躺在那邊不肯站
起來。

　　勇敢走下去吧！不走下去，
永遠也不知道會不會有新的
東西，豐富我們的生命，也
豐富你的生命。

鼓舞人心的十個勇氣

關於 郭學儒（Michael）

現任》 馬來西亞的詞曲創作人、自由企業家。

經歷》 1997 年因加入馬來西亞青運文冬縣會原創音樂局擔任副局長而學習吉他、創作。

1998 年至 2002 年期間通過青運文冬縣會原創音樂局主辦多項活動，並於活動上發表個人音樂創作作品，當中包括黃文升《嘴巴壞了》新書發表會，彭學斌《我找彭學斌》新歌發佈會，方迴嘉《我是啊嘉》簽唱會等。

2003 年初第一次組織樂團參加全國福聯青語歌曲創作比賽並且入選東海岸區域賽。

2004 年組織遊民樂團，michael 為樂團主唱。

2005 年～2008 年期間遊民樂團曾受邀擔任品冠、李傑漢、張起政、林俊傑，Manhand 簽唱會的序幕開場嘉賓，也活躍於彭亨州內各校園文娛活動，Michael 的舞臺魅力帶動了所有的氣氛，讓現場觀眾感受另一種音樂魅力。

2009 年 5 月，入圍馬來西亞 Astro 新秀比賽創作賽的 5 強，登上 Astro 大螢幕舞臺之後，Michael 的創作及現場演出開始受到注意。目前正積極發展音樂事業。

2010 年 Michael 加入了 Music Fluence 參與《新年樂勢》新年合輯的製作，在合輯內他交出了三首作品：《回家

過年》、《自在新年》及《初一十五情人節》，
其中《自在新年》由他親自演繹，《回家過年》
和《自在新年》兩首歌更被彩虹出版社購買並翻
錄在 2012 年的《爆聲隆隆響》動畫新年專輯，
專輯大賣 4 萬多張。

2013 年，加入了 Jemi Music，並開始實現他發
片的夢想。

連絡方式》相關資訊加入 Michael 粉絲團：

https://www.facebook.com/pg/
michaelkek38/

勇氣 **5**

「成功＝能力 X 態度 X 運氣。但是運氣總是在努力之後出現，所以：人生沒有失敗，只有結果！」

──富豐雲端財富公司總經理＆股市贏家俱樂部創辦人
蕭正崗

用勇氣，翻轉人生的態度

一本書、一個人、一堂課，改變人生命運

前言

俗話說：「最好的投資，就是投資自己。」在蕭正崗身上更展現無疑，看他如何投資自己，從一個鄉下菜鳥變身為超級業務員？又怎麼會在股市裡翻船輸掉上百萬元？卻又不甘心找對老師，花四年時間重新爬起來，把過去輸掉的錢完全賺回來？甚至還把自己的經驗書寫分享，更結合公益方式，邀請老師開班授課讓更多股民受惠？

你可曾想過：「你的人生，可能只要一本書、一個人、一堂課，就能改變你的人生命運！」

或許你不相信，但我就是這樣走過來的！

從零分業務到 TOP 1 的 Sales

我家並不富有，雖然在鄉下有土地，但是因為阿公好賭，把土地輸光光，所以從我有印象開始，我爸爸老是在外奔波賺錢養家活口，媽媽在家養豬雞鴨維持開銷。有時阿公賭輸了回來，就是要錢，所以我阿媽跟我媽只好把家裡剛出生的豬仔賣掉籌錢給阿公還賭債。生活過得很拮据，我小時候甚至還有撿蝸牛來賣貼補家用。

因此，當時我記得在當兵退伍前，內心只想要有穩定工作，只想考個公務人員，有個鐵飯碗，安穩的過一輩子就好的人。但是退伍之後，由於要跟乾爹到大陸工作，還要等半年，於是先應徵一家美容機構的業務工作，一方面打發時間，另一方面也讓自己有收入。

雖然徵人的廣告條件寫得很好，像是保障底薪3萬台幣，加獎金及客戶固定，每月有5萬元收入，十分吸引人。但實際應徵後才發現，必須達到公司要求的條件，才有底薪3萬。客戶在名單上，還不是自己的，必須另外開發。於

是我想，人都來了，若不做，怎麼知道會不會成功？

在當時，我還不懂推銷，所以每次去美容院拜託時，常常吃閉門羹，甚至老闆在面前也不知怎麼賣產品。於是在一次次的挫敗後，就去書店買書來看。我記得當時最暢銷的書是林金土的《一次CLOSE》，主要在講如何賣保險，於是我就把書裡講的推銷技術放到推銷美容器材儀器上。沒想到這樣執行，還真的有效果，不到半年的時間，我的業績就做到公司第一名，每個月都有8～10萬元的收入。後來因故與乾爹要到大陸工作沒去成，就只好繼續留在美容公司上班。

偶然去上陳安之課程，翻轉命運

一次偶然機會裡，我坐在車上跑業務時，聽到一個廣播，採訪的來賓是一位很年輕才27歲的陳安之老師在講成功學，教導觀眾及讀者如何成功。我聽完之後，覺得講得很有道理，也太棒了！節目最後，他說他有出一本書叫《超級成功學》。於是，我隔天立刻到書局去買了一本，用一個禮拜就把它看完。裡面有很多成功的哲理，讓我打開了思想格局，進而開始改變我未來人生的方向。

在當時，我知道陳安之老師在台北開三天「超級成功

學」課程，傳授相關的成功學經驗與策略。於是，我打通電話到台北，想要報名參加課程，卻聽到學費要新台幣5萬元。這對於剛出社會沒多久的我，從沒有上過如此昂貴課程，我猶豫了一下，想要放棄，但陳老師說到：「成功者買東西看價值，一般人看的卻是價格」。

內心想著：「如果用5萬元可以換到陳老師過去曾經與超過20位以上世界各領域大師學習成功的 know how，這花費超過新台幣 500萬元以上，而我僅僅只投資5萬元，就可以獲得。如此看來，到底是值得？還是不值得呢？」

最後，我決定上課。上完三天陳安之老師課程之後，如同醍醐灌頂，徹底改變我的一生，讓我從一位不相信自己會成功的人，到完全相信自己一定會成功！

先幫成功者工作，邁向成功之路

因為陳安之老師說：「一個人要成功，一定要從業務員開始做起。」放眼現在所有的大老闆都是公司的超級業務

> ⇄ **蕭正崗的勇氣哲學**
> 失敗了不可恥，重點是你學到了什麼經驗？

鼓舞人心的十個勇氣

員，像鴻海的創辦人郭台銘董事長，為了搶蘋果訂單也是親自出馬；比爾蓋茲也是一樣，在新的軟體發表會前，會在家裡招開代理商大會，一個晚上就做了數百億美元的業績。

因此，我想成功，就從業務著手外，更開始大量閱讀及學習有關行銷推銷的書籍或雜誌，並將陳安之老師的課程全部上完。那段時間，我幾乎是賺了錢再去報名上課，然後再回去賺錢，運用陳老師所教授的技巧用在自己的業務工作上，不斷提升業績與收入，存夠了錢又再去報名陳老師的其他課程。

陳安之老師曾說：他之所以會有今天這麼快速成功，也是因為他去上了他的老師——世界潛能大師安東尼‧羅賓課程才改變的。

因為安東尼‧羅賓曾在他自己的課堂上提到：一個人想要成功有三個途徑：

第一：找成功者幫你工作。

> #### ⇄ 蕭正崗的勇氣哲學
> 一般人看買東西看價格，成功者看的卻是價值。

第二：找成功者合作。

第三：幫成功者工作。

而當時還在美國唸大學的陳安之覺得很有道理，於是去應徵安東尼‧羅賓公司的推廣講師。在他強烈表現出「一定要成功」的決心，感動了面試的經理，最後就錄取了他一人，並讓他到美國各地推廣安東尼‧羅賓課程，還成為公司的TOP 1推廣講師。之後，受到當時中國生產力中心總經理石滋宜博士的邀請，24歲回台灣中國生產力中心開一堂課：「Top sales必修課程」。26歲獨自創業，28歲陳老師已經成為億萬富翁了。目前他已經是全亞洲的成功學權威了。

因此，當我上完陳安之老師的課後，再回頭看看自己的工作環境，覺得販售美容儀器的公司似乎已經沒有東西可以讓我學習了，於是心想：如果可以到陳安之老師的公司工作，肯定成功速度又更快一些，一定可以更快提升我的能力。所以，我決定選擇成功的第三途徑：「先幫成功者工作」。

從推廣講師到企管顧問

所以，我也去應徵陳安之機構的推廣講師工作。在當

時，推廣講師是沒有底薪工作。我以為應該沒什麼人來
面式才對，面試當天居然有50多位來面試。我記得當時
面試時，有5個公司資深的 Leader當面試官。

一開始面試，每一位都要回答下面三個問題：

第一題：什麼我們要錄取你？

第二題：為什麼您是最棒的？

第三題：加入機構公司後，為什麼您會成為第一名？

由於我展現著強烈的企圖心，在50多位面試者當中脫
穎而出，成為被錄取三位中的其中一位。而且一開始，我
從最基層的助理開始做起，半年後當上推廣講師，一年半
後我也成為公司TOP10一員。二年後我決定轉換跑道，
進入一家台北知名企業管理顧問公司，因為企業管理顧
問領域有太多的知識是我從前未曾學習過的知識，因此
我每天工作超過12小時，而且一週工作7天，像海綿一樣
大量學習，樂此不疲。

不善理財，二次慘賠畢生積蓄

直到有一天，聽到一句話，結果讓我慘賠畢生積蓄！這
句話就是：「你不理財，財不理你。」

為什麼呢？

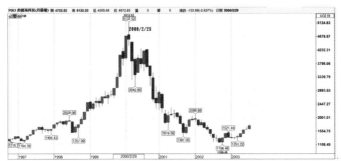

▲圖1：2000年美國那斯達克指數由最高 5132點，狂跌至最低 1108點。

　　我每天努力超過12小時，並努力的存錢，為了就是能增加財富累積的速度。因此有點錢，就想要與別人一樣透過投資理財來倍增財富，不過，理財是一件很困難與複雜事情，需要了解一大堆數字與計算，因此也就沒有花時間用心在學習理財上面。

　　於是，我二次重大投資經驗，都讓我慘賠了數百萬元以上的積蓄，促使我必須重頭開始。

　　第一次是我在2000年買了單筆的美國那斯達克NASDAQ指數基金，當時美國網路股風狂的大漲，所以我選擇單筆投資美國科技股基金，進場後沒多久剛好碰到了網路泡沫，它就從最高點的5132點，狂跌至最低點的 1108點（見圖1），讓我的基金慘賠七成以上，回想當時

真是心痛不已！

再次進場投資台股，遇美國次貸風暴再跌

　　第一次投資慘賠之後，回到工作上繼續努力工作存錢。當 2007年的元月，股市大盤從7500多點不斷創新高，股市行情正熱，並且接著2008年又要總統大選，當時聲望正高的馬英九有望勝選，與大陸的兩岸經濟合作有望轉好的氣氛。

　　於是我聽信朋友的話：相傳股市在2008年後，台股將登上萬點，閉著眼睛入場都會賺錢。加上媒體不斷有利多消息，以及「賺錢不能太慢，股市賺得比較快」的話語一直洗腦等等。原本不想投資的我，又燃燒起內心的貪念，再度把積蓄全部投入股市。

　　但是好景不常，運氣不佳的我在2008年，碰到了美國次貸風暴，於是台股大跌，從最高點9859點，跌至3955點，我當然也是慘賠，又把多年積蓄再次賠光（見圖2）。

哪裡跌倒，哪裡爬起來

　　失敗了不可恥，重點是你學到了什麼經驗？

　　經歷二次投資失利後，我開始反省自己犯錯的原因。

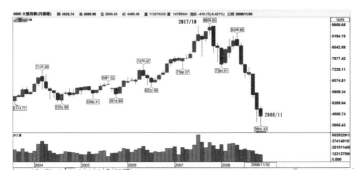

▲圖2:台股大盤2007年10月 最高點9859點，跌到2008年11月最低點3955點。

　　第一次投資慘賠的原因是：「貪念，用單筆投資！把基金當股票玩。」

　　我本身沒有深入研究，卻又大膽地單筆投資風險極高的股票型基金，加上我沒有分散投資風險，只買網路科技股，導至泡沫化時極短時間就大賠。正確的玩法應該是用定期定額分批進場，以分散投資風險才對。

　　第二次投資慘賠的原因是：「沒有全球性國際宏觀的格

⇄ **蕭正崗的勇氣哲學**
一個人想要成功有三個途徑：第一：找成功者幫你工作。
第二：找成功者合作。第三：幫成功者工作。

鼓舞人心的十個勇氣

局，在系統性風險來臨時卻不自知。」

原本想透過股市做短線操作，買進後如果有賺的話，幾天就能賣出，想做短線有賺就跑。結果卻遇到國際金融局勢系統性風險出現，我卻沒感覺！當時美國第五大的投資銀行貝爾斯登因次貸危機破產被收購。接著2008年9月15日，美國第四大投資銀行雷曼兄弟也破產。造成市場上流動性風險發生，金融市場最後崩盤。

因為我沒有國際宏觀的格局，不知道全球系統性風險即將要發生了，當時股票一直大跌，當然我的股票也沒賣，所以又抱住股票，最後在市場最恐慌時認賠出場，再次慘賠。

找「金牌教練」拜師學習，改變命運

於是我痛定思痛，決定找「金牌教練」拜師學習，改變命運。剛好我當時接到一家證券公司的企業輔導顧問專案，很幸運地透過朋友，間接認識了當時在自營部擔任操盤人康進清老師，也是後來我的股市金牌教練。

當時他給我看他過去的操作績效，我嚇一跳，在2008年7月大盤從7000多點，跌到2008年12月的3955低點，居然唯持正報酬0.517%。大盤在2009年開始反彈：2009

年 1月～ 2009年 6月居然能打敗大盤96.32%，勝率超過76.67%，報酬率更是不可思議 114.14%。

我心想他是如何做到的？因此十分恭敬地向他請益。他表示他操作股票，以做短線為主，並且有一套勝率75%的技術分析。我心想：「太棒了！」居然「技術分析」可以賺錢成為贏家。

這也讓我回想起安東尼‧羅賓的話：「只要別人做的到的，你也可以做的到。只要你能複製他的信念、策略與情緒狀態，你做出來的結果也會是一樣的。」

所以我決定要拜他為師。一開始他也沒有答應要教我，因為彼此不熟悉，最後與他成為好朋友，用真誠的心打動他並且取得他的認同，投資數拾萬拜師他為師，習得他的技術分析，學成之後驗證所學，勝率真的是超級得高。

我開始進入市場後，經過四年就把過去輸掉的錢完全賺回來，反敗為勝。經過了五年後在美術館附近買了一戶 70坪房子，六年買了一部 Lexus 凌志 RX350進口休

鼓舞人心的十個勇氣

> ⇄ **蕭正崗的勇氣哲學**
> 結果不如預期，所以應該再找其他方法，而不是放棄目標。

旅車。並且還出了一本股市技術分析的書，書名叫《洞燭先機》，這一本書打破投資理財類的銷售紀錄，連續榮獲2016年及2017年、2018年金石堂「投資理財類暢銷書」排行榜連續三年銷售總冠軍。

八年後我開始收藏當代藝術品，並且投資8位數在台北大稻埕開了一家「啨風藝術藝廊」，展示我的收藏與幾位知名當代藝術家藝術創作作品。

成功定義：不是賺錢，而是可以幫助多少人

當時與康老師學習之後，我思考著股市的散戶93%長期都是輸錢，如果他們也可以有機會跟我一樣，學到這套技術，來改變未來的投資命運，這也算是小小功德一件。所以我想辦法說服了康老師，邀請他與我公司合作，由他親自來傳授他的這一套股市投資秘技，一起來翻轉更多人的投資命運。

所以我不以賺錢為目的，反而思考如何幫助更多人能

實現他的人生夢想。因此我定了一個使命:「幫助 10萬人投資獲利,創造財富自由。並且獲利5%～10%捐助公益。」

於是,當時在2009年我規畫第一場,先從台中開始舉辦免費講座「技術分析」。因我住在台中,再加上地利之便,想必應該可以一炮而紅,卻沒想到美國次貸風暴對金融市場的傷害太大,投資人還沒有辦法恢復信心進入股市,同時金融市場上的投資氛圍不是很好,加上我新公司也沒有知名度,因此舉辦講座當天,才來了6個人,其中3人還是我的朋友。

甚至我的朋友在聽完介紹後,還很好心的對我說:「正崗不要玩股票啦!股市都跌成這樣子,就不要害人了!」潑了我一頭冰水……。

會贏!才來拼,不是拼了,才會贏!

但是我心想:「沒有失敗,只有結果。」這一場講座沒有成功,並不代表是失敗,只是結果不如預期,所以應該再找其他方法,而不是放棄目標。

只要方向對了,就不怕慢。股海當中有93%的散戶都輸錢,贏家只占7%,我們只要能掌握7%的贏家是如何贏的?交易策略為何?以股市每天成交量上千億金額來計

⇄**蕭正崗的勇氣哲學**
不怕失敗與犯錯，就怕錯過了機會。

算，將是一個大池塘，想拿多少？由自己決定。

因為股市成功的道路上，並不會太擁擠——成功的人少，市場又夠大，你有本事，想要拿多少就拿多少。所以選擇市場時，要先選市場夠大，贏家又不多的環境來挑戰。

如同世界行銷大師亞布拉漢說：「選對池塘才能釣大魚。」行業一定要先選對，努力去拼搏，才會有美好的果實；否則市場太小，拼了也是白費力氣，不是嗎？

以投資的角度來看：2009年股市在歷史低點位置，我看市場上散戶都不願意進場買股票了，連最要好朋友也勸我不要做！可見，這邊一定是相對的低點，應該勇敢進場才是。果然，台股走了近10年的多頭牛市。

也符合馬雲所說的：「當你跟100個人講一個商業模式的生意，如果有99個說這個生意可以做，則這個生意肯定不能做。但是如果有99個都說不能做時，代表這可能就是一個機會。」

只要出發的心意是善良，上天都會幫助你

　　一開始我們在推廣公益講座上，想了很多方法，雖然起初經過了篳路藍縷，碰到很多困難與挑戰，但是我們一路堅持下來，每個月舉辦全台北中南三場講座。經過三年多之後，在我們秉持用最棒的技術分析與提供最好的學習環境與金牌教練指導，將我的恩師——康老師請來現場傳授並指導學員在股市投資技術，讓學員獲利後發輝愛心將獲利的5～10%捐助公益的理念之下，慢慢地富豐打開知名度，目前成為台灣理財界「技術分析培訓的第一品牌」。

　　到如今，我們已擴展到每個月舉辦6場，分別在台北、台中、高雄、新竹、台南、桃園各一場，並獲得廣大投資朋友的好評與口碑，再加上過上課的學員們滿意度很高，幫忙轉介很多好友一起來參加課程。於是，學員人數漸漸變多，從一開始的個位數報名上課，到九年後的今日，每一梯次含複訓學員，都已經超過數百人參加。並且每一位參加富豐的學員們，在股市賺到了錢，都會發輝愛心，捐助5%～10%做公益，回饋社會，幫助弱勢團體。

成功就是：「我要，我願意」

後來我有機會報名去上了世界潛能大師：安東尼‧羅賓的課程，他的課程也深深影響了我。

他說：「成功就是『我要，我願意』！」你要什麼？你願意付出什麼？為什麼有些人成功速度比我們快這麼多呢？因為他們願意做別人不願意做的事！所以他才會成功。

受到這樣的想法，後來我做任何事情都是全力以赴，沒有任何藉口。因為我知道努力不一定會成功，但是成功一定要努力。

如果你努力過，沒有成功，這樣人生也沒有遺憾了；但如果你連努力都沒有努力過，那你就白費人生了。

助人理財，創造財富，做對社會有貢獻的事

最近我聽到，阿里巴巴集團創辦人馬雲給年輕人這樣說：

20歲之前：認真做一個好學生，努力吸收學校教你的知識。

21～25歲：去盡量嘗試很多的不同領域工作，不要怕犯錯，因為任何一個錯誤都是一個寶貴的經驗，是用錢買不到的。

25～30歲：你不是選擇到大公司找工作，你是要去找一間小公司，跟對一個老闆，因為你會學習到在短時間完成非常多的事，甚至是不可能做到的事與熱誠、夢想。

31～40歲：思考有沒有在為自己工作？

41～50歲：做你擅長的事情，不要想做這個又想做那個，不要嘗試太多新的領域，你可能會成功但是失敗率太高了。

51～60歲：為年輕人做一些事，年輕人做的一定比你好，投資他們，給他們機會。

61歲以後：給自己多一點時間到海灘灑灑太陽，做做日光浴吧！

回顧我的創業歷程，40歲之前，我就如同馬雲所說：內心充滿熱情，進入成功學權威陳安之老師公司工作，歷練過許多行業，一而再再而三的向前衝，不怕失敗與犯錯，就怕錯過了機會。

在2009年用了過去40年的人生經驗創辦了富豐理財培訓機構，「一個新的行業三年知進退，10年見高低。」我專注在理財培訓這個行業用10年的時間磨一劍，成為今日「理財培訓界的第一名公司」。

因此，我給自己的下一個10年，就是「幫助1億華人學習理財技術，創造財富並且做對社會有貢獻的事。」

最後分享這一句話給您：「理財學富豐，賺錢變輕鬆」。

如果您想學習正確的理財技術，幫自己提早5～10年退休，創造財富自由，歡迎加入我們的行列哦！

關於 蕭正崗

現任》　富豐雲端財富公司總經理

　　　　　晴風藝術公司總經理

　　　　　新金融世界全球動態資產配置訓練師

　　　　　股市贏家俱樂部創辦人（學苑人數超過2,000人以上）

著作》　《洞燭先機》（上市即獲得2016年暢銷書第一名作者，並連續三年為金石堂「投資理財類」暢銷書排行榜冠軍。）

經歷》　專家企管顧問公司專案經理

　　　　　國內證券投顧專案經理

　　　　　國內知名證券公司客座講師

　　　　　國立東海教育推廣部外聘理財課程教師

　　　　　國內外中小企業客座講師（演講場次1000場以上、受訓人數多達上萬人）

　　　　　中國第11屆前十大最俱價值培訓師

專業》　投資理財與技術分析培訓專家（連續9年舉辦「股市贏家講座」累計參加人數超過6萬人以上）

聯絡方式》　富豐理財培訓集團

　　　　　網址：http://www.rich899.com.tw/01.html

　　　　　或加入「股市成功研究學苑」粉絲團：

鼓舞人心的十個勇氣

鼓舞人心的十個勇氣

6

勇氣

「遇到困難時，把努力先放在前面，困難自然就會慢慢消失。」

——彼樂形象設計創辦人
許國展

一位勇於改變的跨國設計師

踏出舒適圈，
讓自己再勇敢一次！

前言

許國展，認為運氣不是僥倖得來的，是靠努力跟持續得來的。
於是他從小很努力，從被霸凌到被保護者，從畫畫的世界找
到自己的宇宙，並靠著不放棄及修正自己的方向，努力前進
著。積極參加社團及拓大自己生活領域，讓視野不同，設計
質感也跟著提升，他到底是如何做到的？這樣的勇氣是否也
會點燃你對人生不同想法呢？

　或許很多人並不認識「許國展」這個人，但我參與過的設計與經驗高達14年之久，曾和50位以上的總經理談判過、幫30位以上董事長做過品牌規劃，擁有12,000件平面設計作品，50,000件國外設計作品收藏。是一個會講、會教、會做的品牌設計師。客戶遍及澳洲、馬來西亞、美國、加拿大、日本、大陸等地。

　別看我這樣，其實我小時候在學校曾被霸凌，才逐漸開啟我的設計夢及勇氣，而關鍵的轉折點是我國小導師——溫秀琴。然後一路上，貴人無數才能成就今天的我。

國小每天哭著回家，直到進入畫畫世界

　從小學讀書開始，我就常常被欺負，由於個頭矮小又沒力氣，被欺負根本無法還手。一直到小學四年級，父母看到我每天鼻青臉腫回家，才知道嚴重性，為我辦理轉學，情況才好轉。那時溫秀琴老師正好是我的新學校導師，會特別關切我在學校的情況，每次打掃時間我都會被叫去問話，我也比較敢跟導師講心裡的話。

　「如果你真的喜歡畫畫，我希望你可以繼續堅持。」有一次校園打掃時間，我的導師語出驚人的跟我提起這件事。

　導師看著我，面帶微笑靜默了五秒鐘，我看著他，小小

聲的說出:「對!我想畫畫!」

「好!那你能答應我每週畫一張畫給我看嗎?」導師嚴肅的問我。

「可以!」我堅定的回答。

但我太過於投入畫畫,沒有專心在上課,導致我的成績一直在退步。在一次家長會中,老師與父母溝通後,確定我的畫畫志向,父母也轉身支持我。直到國小畢業,才二年時間,也累積了我 50幾件作品,讓我更有「勇氣」堅持畫畫這件事情。

遇到畫畫之路的重要貴人

上國中之後,校內校外畫畫比賽我從沒缺席,雖然場場參加,場場落敗,但我仍不氣餒,還是拼命參加比賽。因為我在畫畫的世界裡面真的找到了勇氣,增加了自信。即便被每個同學擺臉色,背後說話,我仍然繼續畫畫。因為我相信:讀書每個人都會,但畫畫卻是我的獨特專長。直到國中導師下達最後通牒,要是我再不讀書,他絕對不會讓我畢業!

在一連串師生衝突後,我父母到學校理論,卻讓我在國三階段過著水深火熱的日子——學校上完課後,要課後

輔導，輔導完又被抓去補習班，而在補習班裡我依然在畫畫，浪費父母的錢 ……。但透過累積的作品，跟得無數的獎狀與講座，我順利保送公立高職，從此之後跟課後輔導與補習班說掰掰。

我還記得當時我有學校可念時，一次翹課後輔導準備去畫畫時，又被導師逮著正著：「為什麼不跟大家一起課後輔導！」我霸氣的跟導師說：「老師！！我有學校念了！！還是公立的！！」導師當場啞口無言。

父母知道這件事情後，也取消了補習班的課程，改幫我報名畫室的課程，讓我可以專心的畫畫。這時候，我遇到了劉興治老師，老師讓我學習到山水畫、水墨畫、書法、素描、水彩等畫畫基礎技巧外，更重要的是還會分享很多做人做事的道理，讓我在小小年紀的時候，可以間接明白一些生活上的知識。

特別是在下課的時候還教我下棋，教我如何運用車、馬、炮做企業管理。老師說：「當別人誘惑你的時候，一定要拉

⇄ **許國展的勇氣哲學**
「行動」是夢想的原動力。

高視野觀看全盤的狀態，看看還有哪些車、馬、炮還能使用，沒被卡住的。」這對我之後，做任何決定時有非常重大的幫助。

努力被看見，跌破明星同學的眼鏡

因為保送進高職，所以面對一切都很新鮮，什麼都想學，什麼都想大顯神威，還參加了漫畫社、直排輪社。雖然廣告設計科有做不完的作業，畫不完的畫，但對我而言，有了國中畫畫基礎，相對比較輕鬆，但一般學科成績，如國文、數學、英文卻十分不理想，讓我十分苦惱：難道不能單純畫畫就好嗎？

我甚至私下找導師商量這件事情：「老師，我可以只畫畫不考試嗎？」

「那別的同學怎麼過來的，他們也是有功課要做。」看來老師並沒有妥協。但我試著努力念書，成績排名也僅僅在中間的位置。反而，我最愛的畫畫跟設計卻擱在旁邊，沒有成長。

後來，我跟風紀股長達成協議：我幫他做畫畫作業，他放我去圖書館看書。於是我每次利用午休時間，偷溜到學校圖書館看遍所有國外設計書籍，並買影印卡把所有我

喜歡的、熱愛的、興奮的，全部印下來放進透明資料夾成冊，18年過去⋯⋯至今還有留著。

高二下學期開始接觸電腦繪圖，剛開始覺得卡卡的，一直都不順，但為了讓自己可以馬上上手，還會在放學後刻意留下來練習，甚至又開始參加校內外大大小小的比賽。由於我每次電腦作業都做兩份，在操作電腦的完稿速度上增長成別人的兩倍，加上我本身國中的畫畫基礎，跟每天中午去圖書館看國外設計作品。我可以很快畫好草圖並掃描上色完稿，交出作業，並空出時間參加校內外比賽，讓班上的每位同學都嘖嘖稱奇。

當時，科主任發現這件事情，就叫我去辦公室問話。

「你真的很喜歡畫畫跟電腦繪圖嗎？」科主任問。

「是！」我堅定地回答。

「好！！高二下學期開始，你不用再進教室，我培養你當選手！！」科主任說。

我當時真的開心的快跳起來！！我有勇氣堅持自己的

興趣，真的讓很多同學跌破眼鏡！

愛上達文西，所有草圖全部留下來

高三下學期，我成績很不理想，我們科主任跟導師很擔心我的成績，都希望我可以專心一點念書，但我就是不肯。後來科主任跟導師協調，讓我把其中一個選修科目轉成我喜歡的畫畫科目——插畫，才讓我的成績可以拉上來。當時真的是看不見未來，看不見價值，我自己也很擔心無法畢業。但我手邊留了很多很多草圖，覺得非常有成就感，也是因為這些草圖，讓我有勇氣可以堅持下去。

之後我閱讀很多國外設計師，都會把草圖留下來，甚至裱框，我看見同學都會把草圖丟到垃圾桶，而我則是小心翼翼收好，放入活頁透明資料夾好好收藏。

慢慢地，我從草圖裡面找到靈感，也從草圖裡面看見未來的可能性。草圖再一次給我執行的勇氣，讓我有機會代表學校參加全國技能競賽，雖然沒有得名，卻是很好經驗。

再一次偶然的機會，我在圖書館慣性地看著國外設計書籍，閱讀到「李奧納多·迪·瑟皮耶羅·達文西」的生平，發現他是一個精通繪畫、音樂、建築、數學、幾何學、解剖學 .....的天才，隨時把觀察到的事物畫在小冊子上。而他

的草圖至今已保存百年之久，甚至到現在還可以被製造出來！！看到此文獻讓我又驚又喜，更視為偶像，希望從此之後可以向大師看齊！！！也讓我更確定，草圖一定要留．下．來！！！！

接觸工作的實戰經驗，跟學校完全不一樣

半工半讀是我大學生活，夜校生，白天工作。由於不是每天都有課的關係，所以求職比較容易。記得第一份工作是印刷廠，第一天就加班，當時覺得加班是快樂的，可以學很多東西。「我可以！！我可以！！」是我在工作時的回答。當時操作電腦速度很快，可以在幾小時內就設計好一張海報，老闆看了也很滿意，開始給我愈來愈多的工作，我在短暫的時間裡面學到很多東西。

第二份工作是招牌公司，我學會怎麼用美工刀挑字，食指按壓刀片末端，可以細膩的挑起有背膠的文字，也學會怎麼計算小數點後兩位的間距。

如果你問我半工半讀的生活辛不辛苦，我可以跟你說很辛苦，但也很快樂，每天都很充實，沒有時間去想其他的事情。

我依然維持高中的習慣，晚上沒課的時候，就跑大學圖

⇄ 許國展的勇氣哲學
很累的時候，要學會有勇氣放棄。

書館，去翻國外設計書籍跟雜誌，依然閱讀大量的課外讀物，甚至白天的工作經驗讓我在學校的作業上可以拿到高分。

後來，透過高中同學的引薦，到新開的一家設計公司工作，當時公司只有三個人──老闆、老闆女朋友跟我。三人小公司，什麼事情都做，設計、業務、送貨、跑印刷廠通通都來！這養成我們的革命情感，讓我握緊拳頭拼命學習！有一次，印刷上的疏失，我們必須在一個晚上把1000本的手冊貼上貼紙，結果拼命貼到了早上還沒貼完，還累積深深的熊貓眼！我就這樣維持著白天上班，晚上上課，半夜趕作業！凌晨趕報告！早餐咬著漢堡睡著，再繼續工作 ......！

雖然我操作電腦速度很快，草圖也畫的很完整，但身為設計師的老闆一直認為我很「匠氣」：「技術是很好，但沒有深度。」老闆說道，卻讓我深深受到打擊，因為我以前一直覺得只要多練習就可以有好作品，原來是錯誤的方法，

於是在老闆的公司一待就是五年，老闆一步一步教我修正錯誤，讓我學習如何統整思考，用系統化做設計。

國際書展緣分，勇氣、知識、人際關係大躍進

在那時，剛好去逛了國際書展，因緣際會看到《Cheers雜誌》便成了十年訂戶。每次雜誌寄到我家，我就會拼命閱讀跟畫重點，還有把好的文章剪下來成冊，透過思考、分析，把激發出來的想法寫下來，歸檔，並允諾自己將來一定會花時間來實踐。

在閱讀的世界裡面我鼓起勇氣捨棄那個「匠氣」的自己。以一個完完全全「空白」的心態重新學習，並陸續從雜誌中看見推薦的書籍，也納入書單中加以閱讀學習。不知不覺中，從一本兩本到十本，一直到現在，已經累積超過300多本。

在一次偶然的機會中，看到雜誌專題介紹了30個鍍金的社團，於是我仔仔細細上網查每個社團的簡介，並打電話詢問，確認「台北建言社」這個社團，是一個訓練口語表達與即性演說的社團，每週四晚上都會上課。剛好符合我下班時間，也可以認識人脈，拓展視野，於是我便加入開始正式學習。

在社團裡，最讓我擔心的部分就是即性演說，因為是當場抽籤演說，根本無法事前準備。所以每次我上台就是結巴收場，分數低的可憐。雖然面對鏡子練習我可以，但上台說故事我就不行，即使透過一年的訓練，情況仍無法突破，讓我非常懊惱，也很害怕再去上課。

「後來你怎麼克服的？」我朋友問我。

「透過大量閱讀跟每天念十篇網路新聞稿。」我說。

事實上，關於克服上台說故事的計畫，我有很多很多，但是我就是不去執行。直到我有一次看見 TED的演說片段：說到「行動」是夢想的原動力。於是，我下定決心開始執行，大不了浪費時間，什麼都沒學到；如果幸運的話，搞不好還會有機會突破。

我每天強逼自己念十篇新聞稿，每天大量閱讀，每天都練習，如此持續三年。從結結巴巴開始念新聞稿的每個字，三個月後開始可以念一段一段的字句，也增加了一點信心。一直到一年後，我可以很順暢的念出整「面」的文章，一點都不會卡卡，在建言社台上暢所欲言，一點都不覺得丟臉。

之後我又加入另一個社團「公益社團—YBP洋幫辦」，一個有熱情、愛玩、喜歡幫助別人的社團，我幫助社團設

計新的logo，參與每個大大小小的公益活動。那段時間我非常開心，工作壓力也減輕不少。社團成員有著革命的情感，我們一起辦「夢想拼貼」，幫助新幫友協助達成夢想。一起辦 party、一起創讀書會、一起看新書、一起從個個單打獨鬥到團隊合作辦百人年終party。我學會企劃、辦 party、主持、情緒管理、接待等等。

透過旅行，踏出舒適圈，突破視野

　　從公益社團裡面，我很羨慕每個社員都有機會出國。只能看著旅行雜誌上漂亮的櫻花圖片過過乾癮，以工作為藉口，我一直沒有勇氣出發。直到有一天，我離職了，安排自己當背包客，出國去看日本的「櫻花」。雖然第一次出國，晚上十點站在日本機場出口，心裡非常忐忑不安，機場附近，荒山野嶺什麼都沒有，什麼都要靠自己一一去克服，但卻讓我很期待又興奮。

　　旅行開始，徒步在東京街頭，感受當地的日本文化，再

⇄許國展的勇氣哲學
為神做個有錢人、智慧是搶不走的財富、讓天賦自由。

> ⇄ **許國展的勇氣哲學**
> 沒有做不到的事，沒有到不了的地方，只是時間上的問題。

去東京上野公園被五公里櫻花樹海包圍感受濃濃幸福感，再花一小時走去淺草寺看雷門拜拜，或是走去晴空塔看特色建築，又不怕累的走了兩個小時到東京大學看金色銀杏等等，我享受一邊走路一邊繪畫的快感，一邊感受馬路旁住宅櫻花飄落的美感，一邊看著店家招牌設計，一邊在腦海裡學習著。同時，我也意識到，我真的到日本了！震撼的櫻花吹雪的景象，真的好美好美！！當下覺得這裡就是天堂吧！直覺不想離開這裡！之後我又坐 JR線到京都，又是漫步京都繞一圈，每天飄著細細小雨，春風吹佛，感受櫻花吹雪的美。

說真的，當時，我第一次到日本，我很害怕，也很徬徨，但我告訴我自己，要有勇氣出走，我想去闖闖，我想開拓視野，我想改變！！

之後，雖然我又回到了工作崗位。但當我一累積了假期，又安排自己去日本「滑雪」，沒滑過雪的我，只用 google map訂到飯店就出發了。到了當地，雇用打工換

宿的華人教練，只教了我四個小時就丟下一句話：「想學滑雪，就摔吧！用力摔了就會了，鼓起勇氣，不要怕摔！」教練這樣鼓勵著我。

我聽進去後，接下來的四天，我拼命摔，用力摔。甚至坐上纜車到制高點，再慢慢「摔」下去。終於，摔到第三天，我可以慢慢保持平衡往下滑，我很興奮！四天學會滑雪的經驗，讓我更有「勇氣」嘗試其他可能性──馬拉松。

因為在日本走路慣了，所以剛開始跑3公里都不覺得累。後來開始挑戰5公里，心跳加速，揮汗如雨，覺得痛快極了！！最後終於逼著自己挑戰10公里，跑步過程中用力喘著氣，慢慢讓自己身體習慣，被汗水滴入眼睛而視線模糊的不舒服，或是膝蓋舉不起來的無力感等等，但我沒有放棄，只是降低速度，把它跑完。於是，我大膽地報名了富邦馬拉松21公里。

誰知道富邦馬松當天下著雨，穿著輕便雨衣跑步，所有熱氣全部悶在裡面，讓身體好難受！跑到10公里時，我受不了了，索性把雨衣脫掉，身體瞬間變輕很多，我又多跑了10公里，最後兩公里，我的膝蓋真的痛到不行，但眼見終點就在前方，於是半跑半走的方式抵到終點，完成我第一次的馬拉松體驗。

　　隔年，我又報名了「29公里日月潭超級馬拉松」。雖然，一樣在10公里處開始鬼打牆；又在最後3公里，我因為膝蓋非常刺痛而用「走」的走完，但是我卻沒有停下來，因為我知道，一旦停下來，就不會想繼續走下去。之後我又陸陸續續挑戰幾次21公里馬拉松。

　　其實我只是想證明一件事情：設計師，能靜能動，是有機會透過改變，脫胎換骨的。因此，我想成為一個能文能武的設計師。我想讓周遭的人知道，這個設計師，很不一樣！

2010年創業，夢魘的開始，也是培養業務能力的開始

　　國際貿易公司是我最後一份工作，當時我晚上接案累積了一些客戶，存了一點錢，開始創業之路！我的品牌名稱叫「彼樂形象設計」，slogan是這樣說的：「質感設計找彼樂，彼此合作都快樂」，也呼應著自己小時候的乳名「樂」。而當初我創業的初衷，就是希望用設計提升人們的生活品質。

　　我持續在公益社團服務，持續增加自己的曝光度，讓更多人看到我，並且幫我介紹生意，累積人脈。

　　可是，好景不常，我失眠了，晚上睡不著。因為我失去了

穩定的薪水,我好害怕!甚至半夜睡不著爬起來,從忠孝西路跑步到忠孝東路七段,再跑回來吃早餐。父母親都勸我回去上班,但我拒絕!因為我不喜歡朝九晚五的生活。

　　為了突破這個窘境,我又試著開始大量閱讀,想從書裡面找到安全感,找到解決的方法,找到安心的良藥。最後想到一個方法,可以讓自己的設計訂單增加的做法。

　　我查詢台北世貿展的所有展期,投資自己門票的價格去世貿展逛逛,並跟自己約定進去千萬不要消費,也不要帶任何東西出來,只要學習一件事情,就是看別人怎麼「成交」?怎麼運用話術及技巧讓我衝動想買東西?

　　於是,我從旅遊展、食品展、連鎖加盟展開始學習怎麼被「成交」──為什麼我明明沒有錢,還會想籌錢或掏錢去買對方的產品?最後我得出一個理論,因為這個商品會幫我創造價值,增加訂單!

　　接著我又把交換到的名片分類整理,一個一個跟進,並用在世貿展學會的業務技巧約對方碰面:「你好!我在世

⇄ **許國展的勇氣哲學**
人生受到困頓時,或是別人誘惑你的時候,一定要拉高視野觀看全盤的狀態,再做決定。

鼓舞人心的十個勇氣

貿展跟你交換過名片，我是誰誰誰，上次碰面時間太倉促，沒有好好了解你們家的產品，不知道可不可以另外約個時間，再碰面聊聊？」接著我用此方法，大量累積了100個準名單，一個一個到對方的公司拜訪。

　　雖然看似順利的過程，但我還是失敗了，因為每次的拜訪約談後，都需要等、等、等、等設計案進來，讓我非常焦躁不安，讓我極度沒有安全感！後來我鼓起勇氣，加緊腳步，強迫自己，一天至少跟三個人說話，談論自己的夢想。而這個習慣，我持續了三年後，讓我的業務大爆發。

看似沒有關聯的習慣，卻是創業後的墊腳石

　　每天看三篇文章、每天念網路新聞稿、每天跟三個人碰面說話、一年內看完300本書等等。當時，一些我認為沒有關聯性的習慣，在創業後一一驗證：每天看三篇文章，不斷持續獲得新知，跟客戶聊天時非常有話題。每天念網路新聞稿，口語表達鏗鏘有力。每天跟三個人碰面聊天，累積出可觀的人脈。

　　這幾年間，我又持續參加了很多課程，包含：超強記憶力的課程，學會用曼陀羅思考法做筆記、做會議記錄，這個習慣一做就是十年，累積了九萬多張A4草圖，也被我

好好收藏著。也透過朋友的關係,接觸到BNI國際商務引薦平台,讓我學會了國際思維、企業管理、付出者收穫、團隊合作等等。我也透過這個平台系統,認識到國際的客戶,並積極的持續一對一跟對方溝通,要求自己一週至少要跟15位的夥伴深談,這樣持續一年後,我從夥伴身上學到非常非常多東西跟國際視野,讓我獲得突破的勇氣,更精練自己的設計能力!也因為之前累積的好習慣,讓我知道我必須做好自己,整理好自己的完整作品跟資歷,別人才容易看見自己。

「你認真對待自己,別人就會認真對待你。」這是我一直鼓勵自己的一句話。

提升高度後,遇見一生的摯愛,人生大改觀

之後,我遇上現在的老婆,她是澳洲華僑,因為都喜歡看電影而一拍即合。「你真的很幸運!!遇到又漂亮又有能力的老婆!」我的朋友這樣說我,但我跟他說:「我一點都

⇄**許國展的勇氣哲學**
你認真對待自己,別人就會認真對待你。

不幸運，我是走過很艱辛的過程，提升到一定的高度才遇見我老婆，如果我沒有提升到一定的高度，她也看不見我。」

一切的幸運都是靠努力得來的，不是靠運氣來的。

也因著老婆的引薦，讓我有機會到澳洲工作，學習到：工作不是人生的全部，而是要學會生活，陪伴家人。於是我從澳洲工作回來後，第一個想改變的態度就是──下班就陪家人，不處理工作的事情，客戶能理解，也愈來愈多客戶喜歡我這樣做。好客戶愈來愈多，愈能明白這樣做是對的。因為客戶也有家人，他們也希望能在白天就處理好工作，而不是晚上擱著家人，自己在書房埋頭苦幹，認為自己都是為了這個家在打拼。

而我也從閱讀書籍中，也累積很多有效率的會議方式。從日本的知名設計師──佐藤可士和的身上學習到：設計的態度跟超強的資訊整理術，真的大大節省了我會議的時間。我依然持續我做記錄的習慣，持續進步給客戶看，客戶看見我的進步後，也愈來愈喜歡跟我聊天，也持續介紹案子給我做。

「我沒見過像你這樣的設計師，你是我第一個看見，這麼積極熱情的。」客戶跟我說道。

一路走來，最後的最後還是需要傳承

　　我努力把我整理的草圖攤開來檢查，把認為完整的、可被執行的通通抽出來，我辦了一個「草圖」展覽，讓我的十年草圖有機會分享出來，我上了雜誌，接受了媒體專訪。我畫了星巴克杯子，投稿了五間的雜誌社，最後《Cheers雜誌》派記者採訪我，還免費給我了A4跟跨頁的報導。

　　我努力改變自己，我有勇氣改變自己。

　　我一直認為運氣不是僥倖得來的，是靠努力跟持續得來的。

　　所以，我把自己從如何接案跟如何培養設計師，寫成SOP流程，做成電子檔分享給剛起步的設計師。

　　我把我所有會議的過程都寫成一篇篇文字稿，每篇文章各1000個字，共累積了100篇，分享給那些想要創業的朋友。

　　我把我過去十年收集的國內外線上收集的設計作品，分享給全世界的設計師，我把我努力收藏的作品通通分

⇄ **許國展的勇氣哲學**
一切的幸運都是靠努力得來的，不是靠運氣來的。

享出去。

我準備好我這些事情，就是希望有一天，每個人，都可以看到我分享的內容，也可以有著突破的「勇氣」，讓自己有勇敢跳出舒適圈，讓自己再勇敢一次！

勇敢對自己人生負責！

勇敢盡情開心地笑著！

勇敢做自己沒有遺憾的事！

即便你知道自己現在沒錢，但是你也要開心！我只希望你愈來愈好，愈來愈健康！我沒有把我的故事全部說完，因為我還在持續的創造著！

如果你也跟我一樣，很努力很努力在為生活打拼著，歡迎跟我聊聊，也許....這過程中，會激盪出很多不同的火花也說不定。

我是一名設計師，一個有勇氣改變的設計師。

關於 許國展（Jackson）

現任》 彼樂形象設計、美創整合行銷、一二文創空間、澳洲房地產

經歷》 2000年 幻彩國際廣告股份有限公司 -平面設計專員

2002年 亞頓美工設計工作室 -平面設計師

2004年 山博包裝設計股份有限公司 -平面設計師

2007年 尼亞形象設計股份有限公司 -資深設計師

2009年 威傑士國際開發有限公司 -資深設計師

2011年 創辦彼樂形象設計

2014年 BNI會員

2016年 成立美創整合行銷

2018年 一二文創空間成立

曾任》 中國武昌技術學院 CIS 執行設計師、中國百食記餐廳 - 品牌設計、大紀元時報 - 品牌設計講師、實踐大學設計講師、台中紅點文旅特約藝術創作者、玲瓏閣 - 品牌設計師、富日科技 - 整體形象設計師、湯姆餐酒館 - 整體形象設計師、YBP 洋幫辦形象設計負責人、公民會館 - 商標設計師、雷神講座 - 商標設計師、魔寶商城 -CIS 整體形象設計、澳洲 W1 品牌設計、美國 CBD 網站視覺設計、品牌診斷與定位顧問超過 20 間企業

聯絡方式》 可透過 E-mail 連繫：Qoosee@gmail.com

或歡迎加入粉絲團：

https://www.facebook.com/babylove520design/

鼓舞人心的十個勇氣

鼓舞人心的十個勇氣

勇氣 **7**

「抱怨不會改變任何事，換個想法，生命就會不一樣！」

——太陽保險經紀人業務區經理

賴嘉彬

鼓舞人心的十個勇氣

139

聰明是一種天賦，善良是一種選擇

人生是選擇題，
不選擇，就等著被選擇

前言

如同世界知名的知見領袖訓練師、心理治療師、演說家克里斯多福‧孟說：「這個世界的真相是由自己的信念所創造出來的。」身為宅男又動作慢的賴嘉彬，如何透過志工及保險工作豐富他的世界，在挫敗中尋找到自己的人生方向？或許也值得你去思考及探訪？

「人生，是一道道的選擇題。不選擇，就等著被選擇。」

對於生命，許多人都是被動的等待，一天過一天，期待著自己想要的人生。愛因斯坦說：「什麼叫瘋子，就是重複做同樣的事情，還期待會出現不同的結果。」而我，賴嘉彬，就想要讓生命浪費在美好的事物上，讓生命可以更精采。

因車禍，從小體力不如別人

小時候，我怕小狗，所以老是被狗追。這可能就是人家說的「莫非定律」吧，愈是害怕，就愈是纏著你不放！所以，在小學三年級的時候，下課跟同學走路回家，就在一條只能容得下一條狗一個人一台車的街道裡，為什麼我會這麼清楚呢？因為我剛好就是那個跟車還有狗有緣分的那個人！人生第一次當夾心餅乾的經驗；因為怕狗而向行駛的小砂石貨車靠去，結果不小心發生車禍而被輪子從我的手腳碾過去又碾回來。當下的感覺其實不是痛，是「恐懼」！尤其是人生第一次被車碾過去，那種恐懼會大於五感的痛。腳掌跟手肘都造成粉碎性骨折，要包石膏固定。根據醫生說，幸好當時年紀還小，骨頭還沒長齊。所以治療方式，就是開刀在腳掌跟手肘放鐵，到國中骨頭長齊，才能把鐵拿出來。

　　當我醒來，再回到學校上課，已經是幾個月後的事了。好不容易回到學校上課，卻被同學諑傳為了救狗被砂石車撞到！天哪！這是哪來的誤會，到底是我平常的形象太好，還是同學們古裝英雄劇看太多了。為了不讓同學們心目中的英雄形象破滅，只好就讓這個「美麗的誤會」繼續下去了。在當時，有個幼稚園老師因為火燒車，救了車上的同學被火燒死的女老師的文章，老師提到這一課的時候，還會提到「就像我們班的賴嘉彬一樣……。」讓我真的相當汗顏！當老師，也成為我當時的夢想與目標。

　　但也因為車禍的原因，我體力不太好，受傷的部位會比較沒力。所以運動會的時候，都只能看大家比賽，了不起參加個趣味競賽。

　　可能是天生比較不服輸的原因，就開始練習跑步，後來每一年的大隊接力都會有我的參與。因為受傷的因素，到高中才做我人生第一下伏地挺身。在陸軍成功嶺訓練的時候，原本想要當教育班長，卻因為體力太差，被落選。

到海龍服役，體力慢慢提升

　　選兵的時候，面對一年多的軍旅生涯，只有一個想法：「當兵，要不每天睡到自然醒，要不就要充實的接受訓練。」

於是，當值星官喊要自願到「海龍集訓隊」或「傘兵空特」的班兵出列時，我就下意識地往海龍集訓部隊去集合。當時我就在想：當兵，可以訓練自己，又可以免費去外島，一舉兩得，為什麼這麼多人害怕呢？或許，很多人的人生並不像我所想的。

來到海龍，一進來就是個震撼教育，換好紅短褲就開始體能訓練。每天都是早上跑十公里、練蛙操，下午就到海邊游泳，然後再跑十公里，晚上再打太極一場，繼續一整套的體能訓練。

舉個例子，像游泳，不是在溫水游泳池訓練，而是一望無際的大海對抗！而我們這一梯「很幸運」的是「冬蛙」，也就是在極度低溫下，在海邊游泳！據說，低於一定的溫度，就不用下水。可怕的是，海龍牌的溫度計，怎麼量溫度都會在標準以上，至於實際的溫度是多少，就只有量的教官知道了。太瘦的就很能體會撞到冰山的失溫感。另外，初來乍到，體力又不好的我，跑步跑不到1000公尺就跑不

⇄ **賴嘉彬的勇氣哲學**
放棄是最容易的事，如何在目標的道路上，面對挫折，
修正方向，到達目的地才是最重要與最困難的。

動跟不上隊伍，在這裡，落後的絕對不會得到「休息」這個
禮物！就會被載上救護車，回隊上個別訓練，在沙地的中
翻滾，跪臥挺腹，體力不好，平衡感又差的我，就是一直狂
吐，接著繼續訓練。在集訓隊的下雨天，下雨雖然很有人
性的不用跑步，不用游泳。不過，不等於可以休息！在室內
的床上，也是可以瘋狂的體能訓量，到汗如雨下的。這時，
我可以深深體會，有人說跑步需要的是體力，其實更需要
的是毅力！尤其是長距離的跑步。馬提斯：「成功路上並不
擁擠，因為堅持的人不多。」慢慢的，我也開始能跟上大家
的速度，在大家的鼓勵中，能夠不間斷地跑完十公里。

　　體力不好的我，終究還是不能結訓，這當中複訓三次退
訓三次，還是沒能跟上進度。短短三個月的訓練、退訓、訓
練，是我人生中很棒的體驗。在後來抽籤的步兵單位，體
力也比一般的班兵好很多。跟弟兄們一起訓練的日子，一
起偷吃乾糧，一起在聖誕節，被教官惡整狂操練的慶祝方
式，永遠會是我們共同且無法磨滅的美好回憶。海龍集訓

> ### ⇄賴嘉彬的勇氣哲學
> 人生不是藍圖，是拼圖，所有的經驗都不會白費，
> 會幫助到未來的你。

隊的精神標語：「能受天磨方硬漢，不招人忌是庸才。」也時時刻刻激勵著我們。

身體力行幫助別人的志工生涯

我小時候很喜歡一部卡通《兔寶寶》，兔寶寶曾說：「童子軍，日行一善」。就因為這句話，開始了我一生的志工生涯。不但，從小學開始加入幼童軍，到國中時成為童子軍、高中的行義，開始志工服務。

國父曾說：「人生以服務為目的，不以奪取為目的」。這意謂著當我們有能力去幫助別人的時候，就會打從心裡覺得開心。

如同退休後的嚴長壽先生，之所以令人尊敬，是因為他脫下總裁的外衣後，積極的為花東孩子們服務。不為別的利益，只是為了能夠為社會做點事情。嚴長壽說：「每個人都具有改變社會的力量，而教育，是我們最後、最深的希望。」

網路有一篇很發人省思的文章，標題叫：「西恩的棒球故事」。

在一個學習遲緩兒童學校的募款餐會上，其中一個學生的父親在推崇學校和教職員的付出和貢獻後，他問

了一個問題：「照理說，神所創造的一切應該都是完美的。但我的兒子——西恩，他無法像別的孩子一樣的學習，他無法像別的孩子一樣的理解事物。」

這時所有聽眾都啞口無言。這個父親繼續說：「但我相信當像西恩這樣有身體及心智有殘缺的孩子來到這個世界，是一個讓人類展現真實本性的機會。」而為了體現別人如何對待像西恩這樣的小孩時，他接著說了下面這個故事：

「西恩和我走過一個公園，裡面有些西恩所認識的男孩們正在玩棒球。西恩問我：『你想他們會讓我一起玩嗎？』我知道大部分的孩子不會想要有西恩這樣的孩子當隊友，但身為一個父親的我，同時也知道若他們能讓我兒子參加，會讓他得到他所迫切需要的歸屬感，並建立起自己雖是殘障但仍能被接受的信心。

於是我走近一個男童（不抱太大希望的）問他：『西恩是否可以參加？』

他看看周圍的隊友然後說：『我們現在輸了6分，而目前正在第8局上，我想他可以參加我們的隊伍，我們會在第9局設法讓他上場打擊。』

西恩帶著滿臉的喜悅，並困難的走向球隊休息區，

穿上該隊的球衣，我悄悄的滴下眼淚而心中有滿滿的溫暖。而那些男孩也看出了我對於兒子被接納的喜悅。

在8局下，西恩的隊有追了上來，但仍然還輸3分。

第9局上半場，西恩戴上手套防守右外野，雖然沒有球往他的位置飛來，但能在場上他已經很高興了，我從看臺上向他揮手，他笑得合不攏嘴。

在9局下，西恩的球隊又得分了。而此時，二出局滿壘的狀況，下一棒是球隊逆轉機會，而西恩正是被排在這一棒。在這個重要關頭，他們會讓西恩上場打擊而放棄贏球的機會嗎？

但讓人驚奇的是他們真的把球棒交給了西恩。大家都知道西恩根本不可能打到球，因為他甚至不知道怎麼握球棒，更別談碰到球了。然而，當西恩踏上打擊位置，投手已經明白對手為了西恩生命中重要的這一刻放下贏球的機會。所以他往前走了幾步投了一個緩慢的球給西恩，讓他至少能碰一下。

第一球投出來，西恩笨拙的揮棒落空。投手又再往前走了幾步投出一個軟軟的球給西恩。當球飛過來，西恩揮棒打出一個慢速的滾地球，直直的滾向投手。

球賽眼看就要結束。

　　投手撿起這軟軟的滾地球，他可以輕易的把球傳給一壘手，讓西恩出局而結束這場球賽。然而投手把球高高的傳往一壘手的頭頂上方通過，讓他在一壘手的隊友接不到。每個站在看臺上的人，不管是那一隊的家長都開始喊著：『西恩，跑到一壘！跑到一壘！跑到一壘！』

　　西恩這輩子從來沒有跑這麼遠過，但他還是努力跑到了一壘。他踩上壘包眼睛張的很大而且很驚喜。每個人都喊著說：『西恩，跑向二壘，跑向二壘！』剛喘過氣，西恩蹣跚的跑向二壘，很辛苦的往壘包跑。

　　這時，就在西恩往二壘跑時，右外野手拿到球，這個全隊最矮的小子第一次有了成為隊上英雄的機會。他大可把球傳向二壘，但這個全隊最矮的小子了解投手的心意，所以他也把球故意高高傳過三壘手的頭頂過去。當前面的跑者往本壘跑時，西恩跌跌撞撞的往三壘跑。

　　大家都大喊著：『西恩，跑下去，跑下去！』西恩能到達三壘，還是因為對方的遊擊手跑來幫忙，將他帶往三壘的！

　　當西恩抵達三壘，雙方的選手和所有的觀眾都站起來，高喊著：『西恩，全壘打！全壘打！』當西恩跑回本壘踩上壘包時，大家為西恩大聲喝采，就如他打了一

個大滿貫，並為全隊贏的比賽的英雄般！」

「那一天」，那個父親兩頰淚流滿面輕柔的說：「兩隊的男孩子把真愛和人性的光輝帶進了這個世界。」西恩沒能活到另一個夏天，他在那年的冬天過世了，但他從沒忘記他曾經是個英雄而且讓我們高興，以及他回家時看著媽媽流著淚擁著她的小英雄的那一天！

這是一篇，不論看幾次，都會令人感動與省思的文章。亞馬遜CEO傑夫・左貝斯說：「聰明是一種天賦，善良是一種選擇。」許多人會覺得等退休，有時間、有經濟能力在來當志工，幫助別人。然而，這是一種選擇。別人，如同故事中的西恩。我們看似做了一件簡單的事，這會是西恩一輩子最美好的回憶。

在家扶中心服務，學會付出及有效分配時間

金錢跟輸贏很重要，在我們的一生中，是否有更有價值的選擇呢？

> **⇄ 賴嘉彬的勇氣哲學**
> 機會，是留給立即行動的人的。

《聖經》裡的格林多前書第十三章：「我若能說人間的語言，和能說天使的語言；但我若沒有愛，我就成了個發聲的鑼，或發響的鈸。我若有先知之恩，又明白一切奧秘和各種知識；我若有全備的信心，甚至能移山；但我若沒有愛，我什麼也不算。」

愛！是人生命的泉源與傳承，如果沒有愛，這個世界就會一點溫度都不剩！

偶然的機會下，來到聯合大學就讀。新生報到的時候，在活動中心的門口，學長姐在招募社團志工。這個志工很特別，並不隸屬學校單位，而是苗栗家扶中心的其中一支志工隊──展愛志工隊。面對台灣其他縣市派出的展愛志工隊志工，多半是由上班族擔任，但苗栗很特別的，是聯合大學的學生。超級喜愛小孩的我，當然是馬上就答應要參加面試。

面試，其實是了解為什麼會想要參加這個社團，以及有什麼專長。而且家扶中心的孩子，是比較特別需要關懷的一群孩子，所以對志工的人品需要一定的要求。也因為參加這麼棒的社團，讓我認識家扶中心這個團體。

還記得，每到中午，夥伴們會一起到教室旁的草皮聊天、吃飯。每次活動前，大家一起利用課餘時間，籌辦大

地遊戲，準備活動中要準備的器材。一起為了讓每個孩子，有美好的成長回憶，在活動中學到東西。一起絞盡腦汁，把每次的活動辦到最好。

退伍工作後，也很榮幸的繼續在台中家扶中心，延續這份對孩子的愛。10年多的服務時間，認識了許多在社會上默默服務的夥伴外，在工作、家庭與志工的時間調配下，也讓我的生命可以有了不一樣的體悟，讓時間可以更有效的利用。

把握免費的領袖學習，別把機會推掉

這10年，除了看著照顧過的孩子長大，也當過各個職階的幹部，為志工們服務，一路從組長、副隊長、隊長、文書組組長當上來，可以說是「步步高升」！如果把這個過程套用在工作職場上，相信會很令人羨慕。不過，在志工這種不支薪，奉獻時間體力的團體，這種「步步高升」就不是每個人想要的了。畢竟要花更多時間，又要背負責任，在志工團體，大家會比較喜歡輕鬆的在自己能力範圍內，當個快樂的志工。

當然，我也不例外。

奧美廣告董事長白崇亮：「人生不是藍圖，是拼圖，所有

的經驗都不會白費，會幫助到未來的你。」對我來說，竟然有這個機會就接到這份上天送來的禮物。人生，不是得到，就是學到。許多人一輩子也沒有當過領袖的機會，竟然有免費的機會，怎麼可以不把握呢！

在生命中，往往我最不會拒絕的就是「機會」。

許多人，遇到分派任務、責任的第一個反應是：「我不行，我做不來，妳找別人。」這樣的人，看著別人的成功，往往覺得自己欠栽培，懷才不遇。然而，卻不知道機會是自己親手推掉的。

有一句我們從小聽到大的至理名言：「機會是留給準備好的人的。」然而，這句話有很多盲點！第一：你什麼時候才算準備好。第二：當你認為準備好的時候，機會什麼時候來呢？

比爾蓋茲說：「想做的事情，立刻去做！」這句話很明顯的，與其說機會是留給準備好的人的，更精準的說是：「機會，是留給立即行動的人的。」我們不知道機會什麼時候會到，那怎麼不學習接下每個機會呢？如果我們總是說：「我不會，我不行」，機會就會離我們愈來愈遠。

踏入保險業，因沒有人脈而處處碰壁

從小，我似乎就是個思考邏輯很特別的孩子。記得，在小學的時候，有很長一段時間，我最常問老師、同學一個問題：「人為什麼會死！」

直到有一個老師給了我一個很棒的答案：「因為懶得呼吸。」

死人與活人最大的差別是什麼？不就是少了一口氣嗎！我在成長的過程中，一直不是那種朋友很多的人，交際應酬沒有一樣學到的。可是誰也沒有想到，這樣的我，未來會從事需要推銷、講話的「保險」行業吧！

從出社會至今，從事過很多工作。做過餐廳外場、補習班課輔老師、電子業、眼鏡行、立委助理等，但沒有一樣工作做超過半年。就在一通電話徵才中，來到保險公司，聽了經理的講解，只要找幾個人存錢，就可以年收入百萬，免費出國遊玩。聽完，沒什麼考慮，就決定要做了。

而保險這個「志業」一做就是十一年！

保險這個行業，需要的絕對是「人脈」！

踏入這個行業，除了開始準備考證照上課外，第一步就是「列名單」，列出你最常連絡的一百個人。然後開始邀約名單的人吃飯、發名片、做保單檢視。俗話說得好：「做保

險就是考驗過去的為人，做人有沒有成功。」很明顯的，我在人生二十幾年的歲月裡，人際關係的學分上，修得並不好。於是，待在傳統保險公司一年半的時間裡，一百個名單中，成交不到十個！可想而知，公司的底薪保障標準都達不到，怎麼可能百萬年薪呢？

從陌生開發到投身保險經紀人

當然，「放棄」絕對不是我人生中會做的選擇。患有先天性四肢切斷症的著名作家立克 · 胡哲說：「告訴自己在多撐一天、一個禮拜、一個月，在多撐一年吧。你會發現，拒絕退場的結果令人驚訝。只有拒絕再試一次的人才會被打敗。」於是我就想：即然從親朋好友的「緣故」市場下手卻做不起來，那就來試試「陌生」拜訪吧！

當時單位裡的所有主管，想要經營陌生市場就會鎖定老師跟醫生這二個行業。於是我很認真的跑了幾個月後發現：一個老師一天會遇到三個以上同一間公司的保險業務員，而且在學校還要躲躲藏藏，不能被警衛抓到。至於醫生，就要耐心等待，爭取醫生在看病人的中間空檔，衝進去拜訪，不然就要等醫生下診。但比較有經驗的醫生，就會在下診的時候，從別的診間跑掉。雖然如此，但是醫

生這個保戶只要經營到，就是大單子，可以達到許多競賽
目標，並帶來可觀的收入。

　　不過，同業的強烈競爭之下，就算像學校、醫院這樣資
訊較為封閉的市場，身為業務菜鳥的我，還是很難接觸到
這樣穩定高資產族群。在沒有底薪之下工作，生活也十
分拮据，所有活動都要成本！記得剛從事保險那一年，是
油價最高的時候，機車加九二汽油加到滿也要台幣兩百
元左右。

　　於是，我想不如對路上的普羅大眾做陌生拜訪，像是做
問卷、掃街店家一家一家的拜訪。偏偏單位裡並沒有人有
這樣的經驗，為了要有收入，只能靠自己摸索，設計問卷。
我每天做到郵局、書局關門，慢慢地累積名單。當然，畢竟
不是在拍勵志電影，一下子男主角就成功了！我做一年半，
中間為了要能夠生活，還去超商打工。

　　實踐家教育集團創始人林偉賢老師說：「結果不對，一
定是方法不對。」所以我開始去思考自己的屬性，發現同

> ⇄ **賴嘉彬的勇氣哲學**
> 挫折跟失敗不過就是人生的插曲，寧可做點什麼失敗，
> 也不要什麼事情都沒做而遺憾。

樣從事保險行業，何不找可以代理多間保險公司的「保險經紀人」，如此一來就能為客戶挑選最適合的商品、費率、條款，不為什麼一定要替單一家保險公司扛招牌呢？經過考慮，就決定來到保險經紀人公司，繼續朝保險「志業」的道路前進。

透過網路即時回覆及行銷打開市場

知名作家九把刀說：「說出來會被嘲笑的夢想，才有實踐的價值，就算跌倒了，也會很豪邁。」身為一個沒有人脈的宅男，立志要在這條不適合的道路上成功，於是我來到保險經紀人公司，當然，也不會一來就平步青雲，揚名立萬。

經紀人公司要比一般的人壽公司學得更多，更加專業。要搞懂各家人壽公司的條款差異，讓客戶清楚知道中間的差異化。

在台灣，保險經紀人公司有幾百間。然而，台灣又不像國外購買保險，大多數是透過保險經紀人。在當時，我要

不是從事保險行業，還真的是壓根沒有聽過「保險經紀人」這名詞，更不用說是一般民眾了。記得在學習的時候，因為被前一間大品牌的保險公司洗腦，覺得小間保險公司會倒，會不賠，所以有好長一段時間在鬼檔牆。錯失了把好的商品權益跟身邊的朋友分享的機會。

　　剛來到的這個團隊，是專門做網路「知識加」、「部落格」的行銷，真的是很適合我這樣沒有人脈的業務。因為喜歡三國，就取了一個網路的名字「三國魚」，開始在網路上回答保險相關問題，經營自己的品牌。

　　我們常常在公司待到很晚，回答網路問題，跟網友遞送建議書。因為網路經營，沒有辦法控制客戶的地域範圍，所以常常會一台車，夥伴們一起南征北討。也因為要回答各式各樣的保險問題，就開始愈來愈專業，吸引許多網友們的認同。因為手上的工具的不同，也讓身邊的朋友們一個一個成交。也嘗試過各式各樣的行銷方式，上過許多大師的課程，不停的投資自己，讓自己在這個行業中不斷的成長。

從業務員晉升到業務區經理

　　保險行業中，業務來來去去是很正常的事。適者生存，

> ⇄ **賴嘉彬的勇氣哲學**
> 告訴自己在多撐一天、一週、一年吧。
> 你會發現，拒絕退場的結果令人驚訝。
> 只有拒絕再試一次的人才會被打敗。

不適者淘汰。許多外在條件好的，人脈好的，也可能中途放棄下車，從事傳統行業。我並不是個天生的業務，就必須如黑松沙士廣告說的：「不放手，直到夢想到手。」

從事保險11年的日子裡，剛開始的一年多，年收入不到六萬。中間也去兼差打工，就是為了維持生活，能夠繼續從事保險這個志業。這樣低收入、不穩定的保險志業，持續了許多年，收入比兼差打工的學生還少。

許多客戶、朋友、親戚都很納悶，為什麼我不換工作，要這麼死腦筋。我認為保險不像一般像餐飲或生活用品的買賣工作，不喜歡，以後不要再買就好。保險是一份看不到，摸不到，也不能試用的商品，卻關係到全家人的未來保障，所有未知的風險。這是一份需要有極大的信任感，客戶才會跟你購買且託付的行為。

這份信任與責任，就是我一直堅持的使命。

放棄是最容易的事，如何在目標的道路上，面對挫折，修正方向，到達目的地才是最重要與最困難的。大多數的

業務員，都會在五年內陣亡，從事別的行業，讓客戶成為
孤兒保單。

　有句話說：「不怕慢，只怕站。」這句話對業務行業，是再
貼切不過的話。當別人放棄了，如同龜兔賽跑一樣，堅持
不放棄的烏龜，就算再慢，也會贏過擁有先天優勢，放棄
的兔子。當大家看到我一直在保險的行業中慢慢的努力，
就會願意把保險的服務機會給
我。

　就這樣，十一年來，我比任
何人的晉升速度都還要慢，
還要辛苦，一路從業務員晉
升到業務區經理。一直不停
的精進，調整腳步，往下一個
里程碑前進。

　生命中會有無限
的選擇，不論選擇
什麼，都沒有對錯，
最怕的就是不做
選擇！世界知名的
知見領袖訓練師、

⇄ **賴嘉彬的勇氣哲學**
說出來會被嘲笑的夢想，才有實踐的價值，就算跌倒了，
也會很豪邁。

心理治療師、演說家克里斯多福・孟說：「這個世界的真相是由自己的信念所創造出來的。」

　人的一生，不過就短短兩萬多天。什麼都不做，時間也不會為任何人停留，所以，何不將生命浪費在美好的事物上呢！

　挫折跟失敗不過就是人生的插曲，寧可做點什麼失敗，也不要什麼事情都沒做而遺憾。人生只有一次，您決定怎麼過呢！

關於 賴嘉彬

現任》 太陽保險經紀人(股)公司業務區經理、台中市育才派出所
義警、台中市南區家扶中心展愛隊志工、美國多福領導者訓
練課程台灣分部講師、東山同濟會創會員－理事

曾任》 台灣人壽培訓主任、太陽保險經紀人業務主任及襄理、苗栗
市及台中市南區家扶中心展愛隊志工（10年來當過各組長
職務及隊長副隊長職務）、台中市榮譽志工、中廣電台採訪
志工服務分享

獲獎》 台中第一屆阿信志工獎、2012年台中市志願服務績優獎

聯絡方式》 可加入 LINE：mns1314

或加入賴嘉彬個人粉絲團：

鼓舞人心的十個勇氣

勇氣 8

「這時代最可怕的不是你不努力，而是你不知道別人如何拼命的！」

——多元投資俱樂部創辦人

鄭偉志

從 921 受災戶的打工仔到百萬年薪的業務講師

人生輸過數十次，
但沒怕過任何一次

前言

年紀輕輕的鄭偉志最喜歡美國 NBA 籃球選手麥克喬丹說：「在我職業籃球生涯中，有超過 9000 球沒投進，輸了近 300 場球賽，有 26 次，我被託付執行最後一擊的致勝球，而我卻失手了，我的生命中充滿了一次又一次的失敗，正因如此，我成功。」所以他從就學開始打工，畢業後成為百萬業務講師，但卻跌了一大跤到夜市擺攤，卻因這機緣，開創他現在的事業，到底他是怎麼做到的呢？

「如果人生可以平安快樂，那這一切就太完美了！」但真的有這樣的人生，生命沒有了起伏，相信你我都會不想要。

同樣的，勇氣，就是在生命的水流中，創造美麗的波紋！

而我的勇氣來源，我想從我小時候開始說起。

火災及天搖地動，再次適應新的一切

我出生在一個小康的家庭，是整個家族疼愛的長孫，有著出色的身高、並且擁有不錯的學業成績，印象中，我的家人很喜歡把我介紹給親戚朋友，因為得到的回應都是非常正面，且讓家人感到驕傲。小時候的童年，我總以為人生只要這樣順遂，似乎一切就跟書本說的一樣，平安喜樂就是福，生在一個小康家庭，我什麼也不缺，身上所穿戴都比同學好，曾經我是這麼以為著。

11歲的那一年，是我人生第一個轉折。「火災」成為我一輩子深刻的記憶。那一夜爸爸急忙搖醒我們，深夜裡我們驚魂未定，貴重物品都沒有收拾時，我們奔跑到一樓馬路上。當時我們就像看熱鬧的小孩，看著隔壁房子大火，卻眼睜睜看著火舌蔓延，導致家裡瓦斯氣爆，那一夜的濃煙味，到現在長大了，偶爾會在夢中出現火災的畫面。雖然什麼都沒了，慶幸全家人都活著！長大後親戚們跟我說：

「偉志你知道那一天，你瞬間長大不少嗎？」

好不容易把火災的記憶慢慢淡去，全家人重新開始，燒掉的一切努力，許多記憶都隨著火災燒掉。當時年紀還小的時候，似乎太多傷痛會隨著同學、家庭轉移目標，我以為所有的災難已過去了。卻不知 1999 年 9 月 21 日的那一晚，發生了921大地震。我們住在20幾樓的大樓內，整個大樓劇烈搖晃，我們急忙從高樓層奔到一樓，這是台灣人20年前最深的記憶。那一晚之後，我們成為了受災戶，因家中成了危樓，又再一次被迫搬家。12歲的我開始學會獨立生活，比同學都還來的早熟，經過連續兩次天災人禍，做事情開始學著未雨綢繆，當時的我就立志有一天我要改變家庭的命運。

21 歲那一年的聖誕節，埋下了勇氣的種子

到了大學期間，正值叛逆的青春期。為了省下讀書的學費跟生活的雜支，放棄了台中的朋友圈，回頭看過去家庭發生這麼多事，從火災到地震，這些重大事件發生在我20歲以前的生命，比起求學階段大家都在參與社團、夜遊、聯誼聚會，我的腦海中大學生活都是打工、兼差。同學們把我定義為工作狂，也曾經自卑了一陣子，抱怨為何朋友

們寒暑假都可以與家人出遊玩樂,而我從來沒有放過真正的假期。

讀書時白天我搖飲料,騎著車到各間教室外送,晚上去簡餐店端盤子,為了就是可以省下一餐餐費。年輕氣盛的我,並不覺得辛苦。當時一小時70元的時薪,同學們也很少看到我。大學階段也當了十幾次的校園主持人,也當過幾次模特兒,甚至懷抱著星夢,對於學業上完全沒有目標。我覺得當時的價值觀是有待改進的,一份工作不夠,會想辦法再找第二份工作,最高紀錄同時做四份打工。

年輕的我總覺得,用大量的時間來換取金錢是對的,有錢可以買到友情、尊重、甚至親情。但當我開始發現身旁朋友愈來愈少,自己似乎剩下金錢可以取代生活,沒有太多的情緒與感動。20歲的我都懷疑自己一度有輕度憂鬱症,為了不想讓家人擔心,就這樣用打工麻痺自己三年。

直到大三暑假,一個聖誕夜大家快樂聚會的場合,家裡財務上發生了一些事情,我們又搬家了,而且搬得非常迅

⇄**鄭偉志的勇氣哲學**
鼓起勇氣挑戰,任何極限都會被超越!

鼓舞人心的十個勇氣

> ⇄ **鄭偉志的勇氣哲學**
> 生命中一定會發生無限的挫折，最終都會被時間沖淡，
> 沖不散的都是情緒。

速，這讓我生命中埋下最深的種子——勇氣。

　　每次提起這些故事，我都會自嘲：「孟母三遷的故事就發生在我真實生活，我們家是鄭母三遷。」我非常佩服我媽媽在承受這些極大壓力之下，為了兒女的未來與生活，撐過來了，也促使我的價值觀又再一次的被翻轉過來：「生命中一定會發生無限的挫折，最終都會被時間沖淡，沖不散的都是情緒。」

一場意想不到的邀約，開啟了我業務之路

　　原本我以為，畢業後應該就會開始跟學長姊一樣，丟履歷、找工作、等工作、再來抱怨工作，大三升大四那一年的暑假，當時打工剛好放假逛著夜市，接到了一通電話：「偉志，看你打這麼多工，想不想賺更多錢？」

　　「廢話！當然想啊，但我已經兼兩份工作了，這樣還會有時間嗎？」

　　「見面介紹一個朋友認識，他年紀很小賺很多錢！明天

有空嗎?」

　沒錯!我掉入了傳產直銷的話術了,就這樣我被輕鬆的邀約,接著被各種數字洗腦後,在 21歲那一年開始了我業務組織之路。回家的路上,我腦海中浮現許多夢想實現的畫面,一路笑著騎車回家,一回家我迫不及待跟家人分享喜悅:

　「爸,我要開始賺大錢了,是這樣的…。」

　我的話才說到一半,就被斥怒的打斷:「好好的打工就好,趕快去退會,不要被騙了都不知道!」

　在連續幾個小時的機會教育後,我開始對這份行業失去了信心,隔天我急著跑去想退出會員,不料又被用各種話術包裝後,我只能偷偷的進行,畢業後,我反而感謝這些人當初有踢我一腳。

　初期,我遭受到大多數人經營業務工作一樣的考驗,連續被拒絕了二十二次,從信心滿滿到毫無信心。

　在兼著兩份工作的當下,每次打工一下班,就衝回家換上不太合身的西裝,堅持把時間安排的更緊密,每周三次從屏東騎車到高雄學習、開會。就這樣持續了一年的時間,不管天氣好壞,每天都體力耗盡,但心裡是感覺到充實的。

　在剛踏入組織行銷領域時,我瞞著家人一段時間,我繼

續打工，利用瑣碎時間來經營業務工作。直到半年後，第一位朋友認同我的理念與我合作，開始出現了第二位、第三位，直到十幾位朋友開始看到我對事業的熱情，開始與我打拼。

沒多久我就辭去了手上兩份工作，專心的經營事業，也讓家人開始慢慢接受我的改變與突破：從一個只會不停消耗自己時間，到開始會經營時間跟人脈的大學生。

走路必須練習，成功也必須練習

我認為在年輕時接觸業務工作是非常好的過程，在大部分年輕人不願意面對挑戰時，總有少部分的人因為各種因素，踏入了業務工作，但絕大多數會想挑戰業務工作的年輕人，幾乎都有一個不平凡的夢想急著想實現，或著被現實生活逼緊，而找到了新的出口。從小聽到一句話：「行行出狀元」。業務工作原本就不在我未來人生的選項當中，但當時家裡發生了這麼多事情之後，心中始終保持著一個夢想：「這個機會可以讓我重新扭轉家庭」。

畢業後沒多久，就跟一般的男生一樣，投入軍中，從男孩轉男人。在當兵的周休二日時期，每一個假期。我第一個想的都是如何讓團隊可以更茁壯，頂著一個大平頭，從

台灣南到台灣北，甚至跑到花東地區發展市場。

退伍後，就如自己所設定的，投入了組織行銷領域。在網路行銷剛起飛的年代，我選擇用土法煉鋼的方式經營業務，很傳統很辛苦的方式經營，但難免被長輩、親戚、甚至以前同學認為不務正業，沒有腳踏實地工作，整天想著一步登天。或許是當時的教育訓練影響，每天表面都充滿著正面積極，私底下卻傷痕累累。

記得有一場大雨，我騎著摩托車回家的路上，穿著雨衣包覆著新買的西裝，結果一個不小心恍神，天雨路滑地摔倒了，西裝破了，腳也受傷了，勉強扶著摩托車站起，後照鏡早已破碎，車頭也破損，那一天的我在雨中大喊：「我真的受夠了這種無法突破的日子！」

在摔車後的日子，我加倍的努力，付出更多的心力投入，也悟出許多業務工作的關鍵與心得：「所有的困難與挫折，都是為了讓自己往前邁進，只是過程不是結果」、「走路必須練習，成功也必須練習」、「不放棄都不等於失敗」、「任何一個決定都是為了最好的」、「努力可以扭轉情勢，努力是最好的特效藥」。

> ⇄ **鄭偉志的勇氣哲學**
> 每一個優質人脈就像一座金礦，不能急著想要挖掘，
> 而是如何幫這座金礦再堆疊的更高。

少年得志終究得到教訓

不過，在這麼年輕就享受年薪百萬以上，這究竟對一般人是好是壞？

我很幸運的是在退伍後第一年就完成年薪百萬的目標。正當許多朋友羨慕我的時候，我也開始失去了原本那個單純想改善家庭的我。開始自以為是，覺得同學們都不如自己，聊天的話題也是滿口的夢想、收入、以及被金錢包覆的生活，原本的朋友圈開始陸續離開，甚至被背後開始說閒話。當時我的家人有提醒我，但在年輕氣盛時期，選擇了用自己堅持的態度繼續往前進。我的生活開始有了斷層，變得更不快樂，似乎又回到大學拼命打工，用時間麻痺自己的我。

經過了兩年時間，業績開始大幅度下滑，相對的收入也下滑，團隊開始出現了狀況，找尋很多方法，也找了很多藉口與理由，開始怨天尤人，在這幾年學習了這麼多相關課程，事實上自己也是不小心犯了業務工作的大忌：「驕

傲自負」。

　過了幾年才意識到，問題是「少年得志」。年輕時很容易在達成一個小目標時，就開始忘記經營的初衷。直到退伍後第三年，離開了第一份讓我成功的行業。我開始學著逃避，但也開始學習著放下身段，從原本西裝筆挺的講師，轉變成在夜市穿著短褲拖鞋擺攤的年輕人。我記得在擺攤前幾個月，有許多曾經聽過我演講的朋友來夜市跟我買衣服，心情五味雜陳：「你怎麼會淪落在這裡？」這是我擺攤最常聽到的對話，我不認為擺夜市有何不好，當大家都對我抱持著高期望時，難免會有落差，這是一段很難忘的回憶。

　從業務講師到夜市擺攤，在這麼年輕嘗試過十幾種打工，學習到各種與人相處的訣竅與方法。這個社會就是學會做人，將會成大事，這也是我的老師們不斷提醒我的。在夜市擺攤一年，開始學會了放下身段努力工作，雖然是用時間跟勞力換取金錢，但我腦海中始終記得業務工作三年的夢想。

　「你會成為你腦海不斷思考的結果」，這句話似乎是真的，胸懷大志的我始終在等待一個機會再次跳躍。

一場演講又將我拉回業務工作

五年前的一個假日，正當我準備要擺攤時，接到了一通電話，一位大哥邀請我參與一場業務高峰會講座，現場有數百位優質的人脈與精采的成功者演講。猶豫的是假日是擺夜市的好時間，但最終我還是被我內心的聲音引導前往聽了這場大型演講。

不過，在擺夜市的生活長期熬夜之下，演講過程我並沒有太專注，甚至開始打瞌睡。在一整天的演講，我被一句話重新的點燃自己想成功的那個心：「你為你的夢想盡了多少努力？」

以前總覺得很多人因為一場演講改變他的人生與想法，這句話我始終保持一半的懷疑，直到自己真的遇到了，才全盤相信這件事情。

隔天中午，我與合夥人收掉了夜市又開始了業務的領域，回到了熟悉的行業，穿了西裝打上領帶，甚至還跨足了金融投資。在我的世界裡面，任何決定都是對的，重點在於自己可以接受明天開始發生的任何事情，接受新的挑戰，開始虛心交流，跟不同領域的人交流學習。

學習金融領域是很興奮的事情，每天看著數字的跳動，做事情也開始容易心神不寧，會思考操作的目前的狀況，

容易分心，經過不少貴人的協助，調整了自己的心態，開始嘗到快速獲利的金融市場，剛出社會沒多久的我，慢慢的在這個行業鑽研努力，初次享受的一個晚上賺進台幣六位數的滋味，也存了一些錢，但卻沒有意識到，這可能是風險的開始。

「沒研究的投資是賭博。」這句話雖然一直放在我心上，但卻發生在2013年的聖誕夜，發生了我在學習金融領域第一次跌跤。那天晚上忽略了投資停損的原則，印象中在周一起床的早上，發生了嚴重虧損，當天虧損了台幣約百萬，一瞬間失去了方向，當天在床上發呆三個小時之久，不知道該如何面對，直接將積蓄虧光，連下個月的房租都一起賠進去了。當下決定，從高雄搬回台中，重新開始。

心態歸零是重新出發的開始

瞞著家人虧光積蓄的事實，搬回了台中老家，家裡也沒有多的房間可以讓我睡，只好把客廳用書櫃隔成一個單

⇄鄭偉志的勇氣哲學
所有的困難與挫折，都是為了讓自己往前邁進，
只是過程不是結果。

人床的位置，勉強有個位置可以休息。一家人生活再一起
總是好事，空間小也不覺得辛苦，離開台中長達9年的時
間，過去的朋友也幾乎沒有聯絡，人脈也得重新開始。在
熟悉卻又陌生的城市，身上沒有任何的積蓄，只好從保險
業務開始歸零開始，開始學著拜訪客戶，把以前學習到的
業務經驗用在保險業上。

「隔行如隔山」，初期真的遇到很多的挫折與困難，被客
戶拒絕、放鴿子這是最正常的，各種狀況都集中在半年內
發生了。遇到瓶頸時，我感謝一位網友，開啟了我的人脈
資源這條路。

大家都知道：人脈是寶貴的資源，但該如何快速的累積
呢？

在剛出社會時，我總是把人脈視為合作上的關係，每一
個朋友、同學都想著要如何成交、合作，投資失利後回到
台中才發現，原來每一個優質人脈就像一座金礦，不能急
著挖掘，而是思考如何幫這金礦再堆疊的更高。

透過朋友引薦，開始參與人脈的業務交流會，每周約一
次到兩次的交流與分享，結合了各種行業與資源，慢慢把
人脈重新建立起來。

「沒有跨出第一步，永遠沒有第二步的可能性。」在與許

多老闆、業務高手學習幾年後,我得知很多事情都是因為
自我受限,不敢認識、不敢拜訪、不敢要求……,太多的不
敢而把自己綁在一個框架裡面。回到台中後把人脈重新
洗牌之後,要求自己每周認識三位陌生人,而這個習慣延
續了三年,認識了上千位優質人脈,開始透過人脈與資源
的結合,串聯更多可能性。

屈膝學習,才能跳得更高

於是我又離開保險業,並開始幫成功的人工作。當一個
人極度想要成功的時候,必須要願意屈膝學習,在大量人
脈交流過程當中,會遇到賞識自己的老闆與領袖。原來只
要在工作上認真加上展現熱情,最終會遇到願意幫助自
己的天使。

從2015年開始,我學習如何在網路上協助各領域老師
撰寫文案、銷售課程、主持活動,藉此拓展資源與關係。在
當時接收到很多不同的聲音,有人說我是因為保險、組織

鼓舞人心的十個勇氣

> ⇄**鄭偉志的勇氣哲學**
> 走路必須練習，成功也必須練習。沒有跨出第一步，
> 永遠沒有第二步的可能性。

做不好，才轉換此跑道。當時的確心理受了點打擊，但我
依然堅持自己的路，朝向多元化收入的理想發展，多樣化
跟不同的專家學習。慢慢的在2016年被許多老師注意
到，在這三年來主持了上百場的活動與課程，累積了千萬
以上的營業額，發揮自己的能力長才，有時不一定需要投
入大量的資金，卻會得到不可思議的回饋。

別太低估自己潛力，將挫折當作過程

　　滿 30歲時，開始有剛出社會的年輕人來找我諮詢有關
如何做好業務、行銷、培養人脈等課題。於是我蒐集這10
年的經驗，不曾抱怨家庭發生的任何狀況，這是很關鍵的
原因。許多年輕人因家裡環境、或者父母親無法給予最佳
的支援，就開始產生不平衡的感受，抱怨家庭，不懂感恩。

　　「懂得感恩，才會走得長久。」是我堅信的一件事。雖然
我的生命中發生了這麼多無法選擇的挫折，但我始終抱
持著感恩。如果不是這些挫折，我現在可能是一個沒有專

長與責任的年輕人；如果沒有這麼多困難，我可能還是一個容易放棄的年輕人；如果沒有這麼多壓力，我可能找工作碰壁就退縮了。人生一定會遇到瓶頸，這輩子會遇到的瓶頸多到無法想像。高一那一年開始，人生進入了沒有寒暑假的生活，當兵也沒有假日，自我調適必須非常健康，才不會有同儕之間的比較落差。

人之所以會有不滿足都來自於「偏差比較心態」。高中畢業時看到同學們開始出國旅遊，到處遊山玩水，而我正為了大學學費去火鍋店端盤子，難免在年輕的時候產生出不平衡的心態。我還記得當時我把這個心聲跟老闆說，老闆教育年輕時的我要學會：「不比較最快樂」的心態。雖然這是一件很難做到的事情，隨著出社會愈來愈久，開始慢慢感受到當時老闆的用心良苦。

你想要的一切在你不想要的改變

只要是人都會有恐懼產生。近三年，我在不斷地跟許多人交流的過程中，也鼓勵對方可以多嘗試陌生領域，吸收不同經驗，勇於挑戰未曾到達的領域，享受未曾嘗過的滋味，把人生的困境當成過程。認識了上千人後發現，超過一半的人會拿過去的錯誤來懲罰自己，或者是拿過去跌倒的傷痕來說服自己：別再輕易碰觸傷口。但反觀社會成

> ⇄ **鄭偉志的勇氣哲學**
> 勇於挑戰未曾到達的領域，享受未曾嘗過的滋味，
> 把人生的困境當成過程。

功者，他們總是將過去的挫折、壓力想盡辦法濃縮成自己的養分，誠如書名主軸所說的「勇氣」，當這決定不確定因素比例過大時，真的需要勇氣。往往甜美的果實都在勇氣之後，人生如戲，任何的難過都會過去，但情緒會留下。我慶幸在這麼年輕的時候，承受過這麼多不同的挫折，造就現在的我有著高抗壓的心臟，勇於承擔困難的勇氣，回頭看這些經歷也就不會太痛苦了。

記得，每個人都有超越目標的潛能，2016年底我全盤相信了一句話改變了我生命：「超越目標必定有好事發生」。於是我隔年真的超越了設定的目標，也果真發生了許多好事在我的生命，心中所想的一切就是畫面，除了每天這樣勉勵自己，告訴自己只要鼓起勇氣挑戰，任何極限都會被超越。

關於 鄭偉志

現任》　多元投資俱樂部創辦人

專長》　組織行銷、網路行銷、文案銷售

曾任》　2008年 學生時期進入組織行銷帶領 2000 人團隊

2013年 跨足投資財商領域

2014年 投資失利當月虧損上百萬

2015年 累積百場公眾演說與主持經驗

2016年 協助數十位老師活動企劃與客戶資產配置

2017年 透過資源整合與人脈合作，完成年薪 400 萬

2018年 舉辦公益講座分享業務行銷關鍵

聯絡方式》 可加入個人粉絲團：

鄭偉志（Rich）

鼓舞人心的十個勇氣

鼓舞人心的十個勇氣

勇氣 9

「現實與殘酷，使我變得更堅強、更努力、更勇敢！」

——七哥翻身俱樂部北區夥伴計畫成員

李青容

從業務助理到研究房地產，一位財富自由的女性

「TINO」踢掉「NO」，
人生沒有不可能的事！

前言

費洛伊德曾說：「有天當你回顧自己走過的路時，你會發現
這些奮鬥不懈的歲月，才是最美好的人生！」且看年紀輕輕
的林青容如何從業務助理到研究房地產工作，走向她想要財
富自由的獨立女性過程，活出精采人生。

　　人生有好多選擇，有些時候不是我們能自己做決定的，你現在的每個選擇都會影響未來的自己。回想過去自己雖然經歷過那麼多次違背自己心意的選擇，但我不後悔，因為我的生命是父母給的，前半段人生先當個孝順的女兒，別讓他們太擔心才是對的，後半段再來好好地為自己而活，過個無悔的精采人生。

我是誰？

　　以前的我很瘦小，又很愛哭，經常半夜驚醒過來，小時候印象中我還到過無數間廟宇收過驚，拜過神明，喝過符水，試過無數種神奇的治療方法，但都宣告無效！直到爸媽從嘉義北上打拼換了新家後，那時親戚來家裏拜訪發覺不對勁，還提醒媽媽，叫她三不五時到房間看我是否還在「喘氣（呼吸）」。因為以前他們每次到舊家拜訪時，我總是哭個不停，沒想到我在新家睡得超香甜，在那之後我就知道，我只適合住新房子！

　　也或許是這個因素，呼喚我要投入研究房地產的行列，這樣才可以一直住在新房子。住了幾年再出租，等待好時機再出售，然後再買新房子，這樣就永遠有新房子可以住了。

別看我現在圓滾滾，其實小時候體弱多病，完全是靠著打營養針活下來的。小時候曾幾度喘不過氣，辛苦的爸爸媽媽帶我到各地看過無數次醫生及求助各地神明都束手無策，其實當時我也曾想過從頂樓跳下去一了百了，後來想想舊家頂樓也才5樓，萬一沒死半條命不是更慘，於是就放棄了。

為了擺脫病魔的糾纏，當時親戚要教我彈鋼琴（這應該是每個氣質小女生的夢幻選擇吧），但我卻加入了國小的國術隊來健身，後來在小學三年級時還和小四的學姐一起去校外表演，當時的我已經強壯到和小四的學姐一樣高了。畢竟沒了健康什麼都是空談，練著練著果然身體逐漸好轉，終於擺脫了每月要去三重某間診所打超大支營養針的惡夢。

因為家中只有一個男孩，爸媽總是希望最小的我可以陪哥哥，所以從小就把自己當男孩在養，反正剪短頭髮就很像小男孩，加上學國術就更中性了，而且哥哥最疼我，有好康的總是先給我，三位姐姐對我又羨慕又嫉妒的，我應該是第一個收到哥哥送的生日禮物——36色彩色筆，我的藝術天份也就此開啟。

因為好不容易活了下來，於是我提醒我自已，一定要很

努力地、很用力地學習，好強的我常常身兼數職挑戰自己，可能因為我的好勝心很強，不喜歡「輸」的感覺！小學畢業時老師給同學們的評語都是「品學兼優」，我拿到評語也是四個大字「好勝心強」。

國中順利進入升學班，看似一切順利的學業卻因為不想再增加家裡的負擔而選擇放棄了沒補習就考上的復興美工。不過，老天爺很眷戀我，讀不成復興美工，讓我沾上一點點邊，讀了同為「復興」的北投復興高中。真巧，當時我剛好也住復興路呢！

當然，考大學填志願又是另一項人生選擇題了，我再次違背了我的心願，其實我理科比文科強，我討厭背東西，喜歡動腦，但爸爸覺得女生選文科，畢業後找份安穩工作再找個好人家嫁掉就好，孝順的我為順從了爸媽的期待，於是我就英文系、日文系，選系不選校的選填志願卡，依分數最後落點在東吳日文系。

⇄ **李青容的勇氣哲學**
生命的精采，自己創造！

> **⇄李青容的勇氣哲學**
> 雖然不知道多少人需要我，但能被需要就是一種肯定。

深沈的恐懼

　　或許你會覺得奇怪，為何我那麼順著爸爸的意思，因為小時候我曾被他丟掉。哦！不，是送走，那個強烈的不安定感告訴我，要乖乖聽話否則可能又要被送走。直到自己有能力養活自己時，我才有勇氣違背他的意思，做我自己想做的事，或許在別人眼中，我是個孝順的女兒，但其實最清楚自己最深沈的恐懼是什麼。很難想像吧？爸爸為了訓練我游泳，竟然把我放在沙崙海水浴場最遠端的警戒線，然後要我自己游回岸邊。天啊！我才小學一年級，之前來海邊也是玩玩沙，踏踏浪而已！面對這樣的魔鬼訓練當然是一邊努力吃進鹹鹹的海水，一邊用力打折返回來救快要溺水的我的壞爸爸了。正因如此，世上又多了旱鴨子一隻。

　　或許是小時候的錯誤學習法導致我心靈上有個莫大的陰影，父母親是小孩子的學習模仿對象，除非你的小孩

是天才，否則千萬別嘗試太另類的教法，好嗎？這真的要花好長好長的時候才能淡忘這個傷痛，也或許今生不能修復了。

自己的人生自己負責，不猶豫，不後悔

不過，也要感恩爸爸，因為他常不按版理出牌造就我現在面對很多挑戰時，其實也覺得沒什麼好害怕的，或許是血液裡遺傳到他的奇異基因，我也不時會有許多驚人的舉動，比如說公司安排我去上電腦課受訓，只因路過旁邊漂亮的預售屋接待中心，不到一小時就刷卡付訂金買下人生的第一間西門町小套房。當時我才剛出社會，連第一筆卡費十萬元要如何償還都還沒有計畫，當時腦中只是閃過廣告詞「JUST DO IT」，現在回想起來還有點到，當時怎麼那麼勇敢啊！

小時候曾聽哥哥說：「人生若沒有錯誤，鉛筆何必附帶橡皮擦。」不知為何一直銘記在心，可能因為我是雙子座寶寶，好奇又很愛冒險，有了這句話我覺得即使有錯誤也都有解套的方式，所以就放心地去探險了。反正天塌下來有爸爸、媽媽、哥哥以及三位姐姐頂著，我怕什麼呢？或許這也是老么的特權吧。

> ⇄ **李青容的勇氣哲學**
> 有些時候不要想太多，了解太多就不敢做了，
> 趁年輕勇敢去冒險吧！

我們家其實很重男輕女，每次過年爺爺奶奶只會給哥哥大紅包，其他女兒都沒有，我們只有回外婆家才有小小的紅包，老一輩講法說下輩子要當男生，不能穿耳洞，我期許自己下輩子當個男生，所以當姐姐為了漂亮都穿了耳洞時，而我還是決定不要，因為我知道我要努力改變現在的我，才能擺脫貧困以及當時女生不受重視的窘境，翻轉自己的人生！

挑戰不可能，別說不可能

大學四年除了讀書，還到出版社打工，參加兩個社團，一個擔任話劇社社長，另一個則是隔壁社團的國際民俗舞蹈社的教學組長，天啊！印象中大學四年當中只有農曆過年時因為大家都回家過年了我才不在學校，其他日子裏幾乎都以社團為家了。當時話劇社是一年參加公演，隔年參加校外售票商演，這兩件大事卻在我擔任社團社長的那一年，同時完成了這不可能的任務。這真的是太神奇

了，傑克！

　當時我大三，話劇社指導老師一句：「我們來挑戰看看吧！」不知天高地厚擔任社長的我竟然回說：「好的，沒問題！」於是就展開了一連串的奇幻旅程。

　首先，我除了上課、打工，課餘時間還要去找贊助商，因為社費及學校補助根本無法填補我們的道具費、服裝費以及場地費等等支出。這一齣商演的戲因為是要在實驗劇場售票演出，是一場演員和觀眾近距離的演出，我們還特地矇眼去街上沿路問路人走到指導老師所指定的某個地點，還被拋在山林裏，真實體驗一群視障者黑暗中走山路以及學習克服內心的恐懼。一點風吹草動就要有所警覺，然後觀眾眼睛直視你時又要不動如山，要讓他們相信你是真的眼睛看不到。

　還有一次，在上場的前幾天，正式演出的服裝亮相了！原本排練的學妹看到要穿緊身衣上場，她却場說不敢演了，然後我又被指定上場，因為當時擔任場記的我記得學妹的走位。永遠記得我那天穿著紫色緊身衣，一隻大大的精靈就這樣在「仲夏夜之夢」清涼登場了。

　我喜歡我的英文名字——「TINO」踢掉「NO」，沒有不可能的事！

用對方法提高效率，把抱怨時間拿來背單字

神奇的事不只一件，後來參加講座時發現有種更神奇的學習方法可以提高我的工作效率，於是我參加課程之外，還努力推廣並擔任兒童班的講師，學習其實可以很輕鬆，如果我早點遇見這位超強記憶大師，我或許可以挪出更多的時間做我想做的事，去我想去的地方，成為我想成為的人！

只要一旦決定開始一切都不會太晚，就像常聽到老師提到一句名言：你有時間嘆氣為何沒時間學習？！在你「哎」一聲的時候，我已經背好一個英文單字了。這句話很受用，當你想要抱怨，就拿來背個英文單字吧！一個也好！！

有次到東部推廣快速記憶課程，一位偏鄉的女學生想學，但因為經濟不佳，她學了免費的小型課程後又滿足又失望地回家了，本來以為不會成為我們的學員，沒想到，隔天媽媽又到會場，辛苦地湊出學費讓女兒來學完整課程，我們給她最優惠的折扣，最超值的教學，因為我們相信這位學習快速記憶的女同學一定不會辜負媽媽的期待的！加油！

心想，這一份得來不易的學習機會，城市裡幸福的小孩

是否會懂得珍惜呢？

再說一次我愛您

　　某天家中電話響起，榮總打來說有病床了，我才驚覺原來爸爸其實痛了很久忍了很久了，我竟然都沒意識到！從小到大，爸爸是家中的經濟支柱，常外出工作不在家，那陣子爸爸不舒服都待在房間休息，我竟天真地以為爸爸只是生病了累了想休息一下下。住院報告出來爸爸已經肝癌末期，癌細胞都擴散到骨頭了，只剩下2週的生命，所有檢查出來的指數都恐佈到了極點，連醫生都不敢置信地說這不是一般人可以忍受的痛度。我竟然那麼無感，真是不孝。

　　被通知的那一刻，我們全家的人生都變成黑白的了。

　　爸爸住院的短暫時間，好多親戚及朋友都來探望他，看到爸爸的好人緣以及從他們的談話中再一次回顧爸爸的精采人生！爸爸堅持不住安寧病房，怕增加我們的負擔，也盡可能地不打自費的藥，這就是我的鋼鐵爸爸。記憶中他沒喊過累，叫過苦，流過淚，只是他沒想到要到天國報到的這一刻那麼快就到了。

　　因為哥哥、姐姐都成家了，媽媽及大姐身體也不好，於

是每晚都是我留在醫院陪伴爸爸，最後 21 個夜晚的陪伴，
我是全天下最幸福的小女兒。有一晚因為哭到累了，竟然
睡得比爸爸還熟，連爸爸下床去廁所我都不知道，是隔天
被護理師告知不能讓病人獨自下床我才知道，從那一次
開始，我就再也不敢在醫院哭了，也告訴感情脆弱的三姐，
來看爸時絕對不能哭，因為妳哭我就會想哭，然後就會睡
得比爸爸還熟。

有一次帶爸做完檢查後搭電梯回病房時，在電梯裡我
給爸爸一個最後的擁抱，我脫口而出的話，竟然不是「我
愛您」，而是「對不起」。回想起來真是感到非常地遺憾。如
果時間可以倒轉，我多想回到那一刻再重新修改我的台
詞：「爸～我愛您！」

趁年輕勇敢去冒險吧

「我們去環島吧！」二姐這麼建議著，本以為是開車去，
至少我們可以輪流開車，但二姐說他開車環島過了，所以

這次是要騎機車環島。只記得那一年寒流來襲，春節特別冷，成員有二姐、我、還是大學生的大姪子、還有一位才小二的外甥。

這是一個完全沒有事先計劃，很突然的旅行，我們不知每天會騎到哪，所以連飯店也無法先預定。原本家人建議等明年規劃好再去，但二姐說想出發就出發吧！於是我們到爸爸那去搏筊請示能否馬上出發，也請爸爸在天上保佑我們，一起和我們去環島旅行！結果竟然馬上允筊，於是我們就這麼三台機車，四個人準備簡單的行李就出發了。

這是一趟超難忘的機車環島之旅，因為那年真的超冷的，又下雨，我們只好一直催油門。第一天就從台北騎到花蓮，第二天到大姪子就讀的東華大學校門口前拍照留念，第三天嘉義回老家，因為我們不記得老家的地址，所以那晚在朴子國小前等請親戚來帶我們。等了好久想說老家沒那麼遠啊，於是又打了電話確認等的位置，原來是他們說沒看到汽車於是又回去了，因為在這又溼又冷的寒流天，他沒想到竟然有勇敢的傻瓜從台北騎車來嘉義，尤其還帶著一位小朋友。

經過墾丁時天氣終於放晴，我們這才能稍作休息到燈

塔前曬曬太陽。這次的旅行因為輕裝出發，說好不能買東西，所以這次逛墾丁時只能偷偷買一個小小燈塔鑰匙圈當作這次旅行的唯一紀念。

然後因為下雨，沿路上只要看到加油站、7-11、麥當勞都會感動萬分，因為可以稍做休息，喝個熱飲暖暖身，上上廁所再出發，現在回想起來，叫我再一次在春節騎車環島，我應該不敢了。因為這是年少輕狂才敢做的事，所以，有些時候不要想太多，了解太多就不敢做了，趁年輕勇敢去冒險吧！

為愛往前飛　謝謝前男友

熱戀中的男女什麼事都可以為愛瘋狂，但幸福的童話沒有在我的生命中成真。

「我從美國飛回來一趟的錢，比妳一個月薪水還多。」前男友的一句真心話，讓不到半年的遠距愛情劃下休止符。

剛開始很甜蜜，前男友會不辭千辛萬苦，從美國萬里來台灣跟我相會。但久了感情就變調了，我們的經濟差距與價值觀愈差愈大，而前男友的話語也愈來愈尖銳，你可以批評我，但不能批評我的家人，有錢了不起了嗎？雖然你說的是事實，但你從來不修飾，你不知道這樣很傷一個女

孩子嗎?

　　我曾為了你努力學英文,在那個還需要美簽的年代,我為了想去美國找你,努力練英文只為了通過英文面試順利拿到簽證,我拿到美簽了,但還沒飛出去我們就分手了!

　　雖然我們分手了,但我還是要說聲謝謝你,你的現實與殘酷,使我變得更堅強、更努力、更勇敢!超越你是我一生努力的目標!

燃燒自己　照不亮別人

　　我曾以為自己為家庭、為公司、為愛人、為朋友付出很多犧牲很多,但最後才發現,那其實只是自己一廂情願的想法;有人視為理所當然,有人不會為你的付出和犧牲而感到心疼,自己用盡了所有心力,像蠟燭一樣努力燃燒自己,但對方只感受到那微不足道的光亮。經歷過幾次無情體驗後,我大徹大悟,我有時真的把自己想得太偉大。其

實人是互相的，過多的付出或許會讓對方覺得是一種負擔。現在回想我留在醫院陪伴爸爸最後的21個夜晚，似乎也間接剝奪了哥哥、姐姐陪伴爸爸的最後幸福時光。

借錢給別人，原以為對方會感恩，反而是無止盡的黑洞，愈借愈多，不借給他時還會口氣超差，罵我很小氣，見死不救。還好現在我很有經驗，也懂得婉拒了！

若理由正當而且有借有還，我還是會借給你的，但你一定要守信用，就像我們向財神爺求發財金，也一定要記得在期限內去還願並還錢，這樣財神爺才會保佑你，也才有錢去借給下一位需要的人士啊！

無論如何，我還是深信人在做天在看，謊言及藉口只能騙一次，沒了誠信，就什麼都不用多談了。

適時地調整自己的光亮，別笨笨地把自己當燼燭燒成灰，還照不亮別人，記得改成LED，省電環保又可以給對方很明亮的希望哦！

做自己 好自在

這是一句女性衛生用品的廣告詞，但套用在人生，若可以不為生活煩惱，不為他人所牽絆，做自己想做的事，點自己想吃的東西，買自己想買的東西，去自己想去的地方

旅行，說自己想說的話，做自己想做的自己，出自己想出的書，是件多麼棒的事呀！

而我一切的努力就是朝著這個方向加速前進！！

當我還是業務助理的時候，有次日本顧問請我和另外一位業助吃飯，我們兩個很客氣地由下往上看菜單，然而，在他鄰座的女生竟第一時間點了第一項最貴的牛排，完全沒在客氣的，因為是日本顧問付錢。但總不能每次都期待有別人請客，幫你付錢吧？所以只有靠自己努力累積財富，當你點餐或買東西不用看價目表的時候，你就真的財富自由了。

離開忙碌的台北，我搬到了天氣晴心情晴的台中，約有半年的時間我過著每天可以睡到自然醒，然後只要想著今天要去哪裡玩，要去哪裡吃好料的好日子，也如願地在杜拜過生日。要擁有那一段美好時光的前提，除非你是生下來就是富貴命，要不然就是要努力工作，努力存錢，捨得花錢，然後還要你周遭的親友及好朋友都有錢有閒，否

⇄**李青容的勇氣哲學**
人生困頓時，不妨安排一場深度旅行，尋找人生的意義。

鼓舞人心的十個勇氣

則只能一人孤單旅行了。

翻轉人生　無相心法　創造無限

　　我熱愛學習，若有任何講座只要時間允許我都會參加。但不同於之前聽過的所有說明會，這位講師竟然在台上淘淘不絕地講了快3小時，內容非常豐富，絕無冷場，著實令我印象深刻，因為他滿腔的熱血似乎沒有要下台的感覺，但晚上7點開始的說明會，場地關門的時間也迫使他要做個結束了。當然後來我也參加了這位講師的課程，因為我真心被他的開課動機以及精采內容所感動了。或許你也聽過這號人物，這就是翻身俱樂部，人稱「七哥（陳文宏老師）」的創辦人，雖然他是以房地產、產融合作、南向政策及各項投資案合作以及分享課程當作為他的課程主軸，但其中有一門課程也是一絕，那就是「無相心法」。我不是在幫七哥打廣告，我只是彷彿看到了台灣的希望，真的要聚集很多這樣優秀的朋友，一起創造無限機會與可能，台灣才會有希望！

　　我只參加過一次無相心法的初級課程，一個全天課程的水深火熱的體驗，刺激你的感官，顛覆你的思維，挑戰你的極限，發揮你的無限可能，很期待參加進階班。不多

說，留給你親自感受～

生命的精采　自己創造

　　我的人生終極目標：

　　第一、財富自由：有被動式收入，不再為生活
煩惱。

　　第二、快樂旅行：深度旅行，尋找人生的意義。

　　第三、做個有用的人：雖然不知道多少人
需要我，但能被需要就是一種肯定。

　　我希望成為有影響力的人，把我自己的
人生經歷與解決方式分享給遇到困境的
人。因為我曾經走過人生的一段陰暗幽
谷，這是一連串痛苦的選擇與掙扎，希
望可以分享給需要幫助的人，幫助迷途
中的人找到屬於自己的最佳定位，讓社
會環繞著和諧的氣氛，讓世界更美好！

關於 李青容 (Tino)

現任》　生活創意家、七哥翻身俱樂部北區夥伴計畫成員

曾任》　新光人壽收費員／保險專員

　　　　日本線業務助理／專員／主任／資深業務主任

　　　　美商網路日文祕書

　　　　日商採購組組長／採購課主任

　　　　全球人壽保險從業人員

　　　　馬來西亞商科思威加盟店副店長

　　　　戴維思快速記憶課程兒童班講師

　　　　太平洋房屋加盟店股東／房屋仲介

　　　　七哥翻身俱樂部北區夥伴計畫成員

聯絡方式》歡迎加入李青容的 LINE：tinonew 或

Wechat：tinonew

或是個人粉絲團：

「要有勇氣、果斷的放棄或說『不』，並且另尋它路，反而對自己是成長。」

——期待生命煥然一新的老鷹之子

蔡易哲

從軍旅生涯、送貨員、業務員及超商店員、包裝員，到無底薪業務

打破規則的勇氣，
必須剛中帶柔、審時度勢

前言

人生的勇氣並不一定要在經歷過大風大浪才展現，即使生活
中小小的改變，只要是好的，都很值得。就像年紀相當輕的
蔡易哲，雖目前還沒有確定人生方向，但他以老鷹換毛蛻變
自許，開始聚集起勇氣，朝向自己創業的路累積著前進！

人,不管是來自於哪種背景,只要記得:事在人為、思想決定的力量。

或許有人會覺得「含著金湯匙」出身的人真好命,但要知道,富裕有富裕的承擔,萬一把上一代傳承下來的產業做不好,則就會被人家講:「扶不起阿斗、負二代」等。至於小康、較不健全的家庭也是有其挑戰、想法、改變現況要去做。

貴人老師教會我勇於面對自己不足

我雖是出身小康家庭,但小時候總是在父執輩中被親戚們比來比去,印象中一直維持到國中畢業。

國小印象中最深刻的事情:就是我遇到人生的第一位貴人老師——李燕枝。我記得因為從小不愛念書,所以到五、六年級都還不會除法。結果,有一天李老師叫我上台解題,結果我很誠實地回答:「我不會!」

當下,李老師也愣在台上,而我也僵持了不知多久……。

但李老師並沒有叫我直接下台或是瞧不起的態度,還立刻馬上並耐心教會了我除法。現在回想起來,當時所有同學並沒有人抗議說我佔用他們上課時間,如此全

班又陪我重溫了除法課程。不過，從那時刻起，一直到小學畢業，我對李老師又敬又畏。「敬」的是她與其他老師不同，教會我很多低年級就該會的數學程度；「畏」的是，她帶有威嚴又溫柔的態度，讓我知道這也是一種勇氣——勇於面對自己不會的地方。

勇氣，是種明知有風險卻要去做

對我而言，勇氣，是一種明知有風險，卻仍執意要去做，去執行。

舉個例子來說，像你明知道對一個自己已經喜歡很久的人告白，有很高的機率會被拒絕，但你還是去做了。或許當下，你會覺得很丟臉，但又如何，最起碼自己的心不會被這件事困住，轉向去找更適合的人。

另外，上班族很容易抱怨薪水少但事情愈來愈多，但又不敢離開這個工作崗位，只好一直被人家掌控這麼一點點薪資，為五斗金折腰。但有些人卻看清了這背後的意義，因而鼓起更大的勇氣去創業。而他要面對的狀況更多，例如為了創業資金變得斤斤計較、以為時間彈性自由，卻沒發現家裡活動常常無法參與，更別說在外面處處碰壁、受盡折磨……。甚至為了籌措資金更人低聲下氣，或是跟

客戶要收取報酬時，卻一直已讀不回。

其實每個人在做每件事情，都必須有二件以上的勇氣來支撐著自己的理念前進，誠信也是一種。

最近我在看一本書叫《三國人物解碼》，裡面有一則關於徐庶與劉備的故事：

徐庶是劉備聘請的第一位軍師，因新野城大破曹軍的八門金鎖陣，而使曹操用計，虜獲其母要脅，徐庶只好向劉備辭別並投靠曹操。徐庶離開劉備前，對劉備說：「終身不為曹操獻計。後來的赤壁之戰，龐統獻給曹操連環計時，徐庶早已看破其中奧妙，卻不告訴曹操。但也因此獲得龐統尊敬，進而安排脫身妙計給了徐庶。

這在告訴我們：不管有多大痛苦、難處，都不能失信，無論是做人、做事，甚至是創業。因為未來路上，問題會不斷堆疊而來，一個成熟的人應該要有勇氣去面對，或是主動訴說解決的方法，或是認錯，而不是躲起來。俗話說：「聰明一時，糊塗一世」就是指這種情況。

⇄ **蔡易哲的勇氣哲學**
勇於面對自己不會的地方。

要有勇氣、果斷的放棄或說「不」，
並且另尋它路，反而對自己是成長。

經歷的醫生、軍人、企業家這階段

如果要談到我人生前段的「改變」，要從我大學開始經歷的醫生、軍人、警察、企業家這四階段。

我是台北人，但大學，我卻選擇台南一家科技大學，主修醫管系。到一個人生地不熟的地方，我不把大學四年當在混學歷，而是努力執行自己所想要追求的目標。當時我的規劃是先待在醫管系，再去選醫技系課程就讀。但當我上到大一的「解剖生理學」時，發現我再怎麼努力聽老師講課，但到了考試時，要寫英文的醫學專有名詞、什麼器官負責人體的什麼功能等等，我都回答不出來，雖然成績不至於鴨蛋，但是分數都很低。

我還記得當時老師還問我說：你又沒有醫學相關背景，你怎麼會選這醫技系呢？我回：「我想試試！」結果寒假成績出來，該科的老師竟然給我及格，真的要謝謝這位老師給我鼓勵。

於是，我在大二時，選擇了另外一個科目叫「臨床醫學」。但這次就沒有那麼幸運了，上課不但完全聽不懂，考試題目根本回答不出來，當然成績也就不及格。

後來我調整，讓自己將原先的醫管系科目讀好，其餘的

都不想，如此讀完大學四年的醫管系學歷，也發現自己不適合這條路，也就不對醫生這個身分執著了。

我在大學也打過幾次工，包括在沒冷氣的廠房倉庫做理貨及出貨的工作、在火鍋店經歷外場及內場工作、義式餐廳打工……等等，讓我的暑假沒虛度光陰，而且在當時，我覺得多吃點苦，對日後有所幫助。

到海軍陸戰隊，給自己一個煥然一新的機會

大學要畢業時，就面臨服兵役問題。要知道心態不同，導致出結果也會不同。

當時，我義務役抽到的是陸軍，但在當時我急著尋找能改變自我的方法，覺得陸軍的挑戰性不高，心中想著哪裡最操就往哪裡去，於是選擇了海軍陸戰隊。為此，還小小鬧了場家庭革命：因為父母認為海軍陸戰隊很操、很累、很辛苦，怕自己的兒子吃苦，都在勸退。但我想，愛子很好但是太過了會變成礙子，也就是俗稱的「媽寶」。更何況現

> **⇄蔡易哲的勇氣哲學**
> 勇氣，是一種明知有風險，卻仍執意要去做，去執行。

在的部隊會不會跟父輩時一樣操，大家都心知肚明。

而且，我都已成年了，大學也要畢業了，人生是要學會自我規劃，而不是處處聽父母的意思前進，而且若自己選的這條路不行前進，也應該學會有其他策略轉彎。在當時，我心中只想著必須對自己「狠」，才能有稍微的「改變」。因此，就這樣，我在2012年6月份進了海軍陸戰隊，並開始了「軍事強迫管理」這條路走。並在7月中會就踏上人生的唯一一次軍旅生涯。

剛踏入屏東龍泉新訓中心感覺很新鮮，部隊是第三營第九連。在蠻兇的排長、班長有分笑裡藏刀及老實型、蛙人出生的連長跟士官督導等等這些幹部們不斷的整頓我們這些新兵，當然有些人因各個不同原因退出，而我卻因為想改變及成長的想法，讓我繼續待下去。

其實我真實遇到的陸戰隊，並沒有爸爸所說的那麼恐怖。尤其是到後面的檢測完畢，幹部們都會與我們有說有笑。因此這件事情教會了我一件事情：就是凡事要有實事

求是的精神。有疑問就問、有問題就解決,而不是聽片面之詞就被嚇退了。事實沒那麼可怕,不要被誇大不實所欺騙。

後來,我遇到一位士官長問我:「怎麼會想來陸戰隊呢?」

我堅定不疑說:「我想改變。」

或許,現在就有跟我有相同際遇的人能理解我在說什麼:人若是想改變自己,或是改變現況,在走投無路時候,或許會進去軍事化管理的軍隊,特別是海陸、憲兵、蛙人、特勤……等等,為的是想改變自己原有的那種不好的習慣或氣息,期待另一個煥然一新的自己出現。

五斗米折腰消磨自我,出國旅遊看到不同視野

退伍後,我還是鼓起「勇氣」找了送貨員及銷售羊乳業務員的工作。怎麼會這麼說呢?是因為我的個性真的還蠻怕與陌生人溝通,尤其是當業務員,必須到每個住家按門鈴,並且跟住戶說明我們產品的好處等等。雖然這段期間,我遭遇了被拒絕、閉門羹等等的挫折,但漸漸發現被拒絕次數多了,也還是有人接受訂購!雖然後來,因為試用期沒有達到公司要求的訂購戶數而不予錄取。但也讓

⇄ **蔡易哲的勇氣哲學**
唯有自己強盛的，人家才會敬你、援你、理你。

我知道了任何工作都必須事先準備，才能上場好仗。

在那時，因為我還買了電腦相關課程，但然而羊乳業務員的底薪也才台幣1萬8千～2萬元附近，不夠我繳課程費用，還有保單、房租、生活費及週轉金等等，因此我又找到一間日本知名的連鎖漢堡店，以配合正職的業務時間。我記得那段日子，必須清晨5點起床到店裡煮紅茶、備料、做沙拉……等。6點開始營業，招呼客人至9點，再接著羊乳的業務工作。

之後，我又去7-11裡當全職大夜的門市人員。但做了約一年的時間，我不禁思考我的未來在哪裡？每天光賺錢生活都來不及了，我還想去進修、學習新知識及技能又該怎麼安排呢？

於是我給自己兩個目標：一是創業，但起初要創什麼我也不清楚；二是想出國去工作、進修、看看不同視野格局。

於是我選擇辭職，並在找下一份工作之前，先帶我媽到日本走走、透透氣，並思考自己的下一步如何走？

我還記得那一次，在動物園看完企鵝遊行後，因沒聽清楚領隊下一個行程點，於是我跟媽脫隊，最後只能勇敢地向服務中心詢問，卻沒想到彼此語文不通，無法理解我們的意思，那時心裡想著：若我會日文就好了。結果突然想到行程表上有領隊手機，直接打給他就好囉。這一次體驗到，遇到事情不要慌張，冷靜下來中有辦法解決。

常常聽人說：工作累了或是舒適圈待久了，必須出個充充電，視野也會不一樣。這是真的，我們要不要做隻井底之蛙，就看自己怎麼處理。

職場貴人，教會我勇氣與義氣用事的差別

回國後，還是必須面對現實。無論是創業或是出國進修，但事情似乎沒有想像中的順利，因此只好再等機會或是自己創造機會。

在這段空窗期間，我先找份工作較實際，於是就去應徵知名大企業工作，沒想到竟然連過三關——從人資面試，再到副理及廠商面試，最後一關是面對總經理、副總。一路上，我雖是第一次遇到這種面試，但一直保持著平常心態及注意禮貌及笑容，沒想到被入取了，開始我現在的工作。

⇄蔡易哲的勇氣哲學
就是凡事要有實事求是的精神。有疑問就問、有問題就解決，
而不是聽片面之詞就被嚇退了。

　　到這家公司工作後，我遇到很多幫助我的人，其中一位
是在民國107年9月剛升幹部的汪姓班長(A區)、另一位
則是李姓班長(D區)。

　　因公司有分廠區關係，所以有很多廠區的合併作業，在
我新進這間知名公司約3個月後，先轉入 A區的這一班。
在那時，我還有很多東西都還不會，但汪姓班長(在那時
還是助手)，卻是以一種平常心又成熟的心態教我，即使
同一個問題我已問了三次，他也不會擺臉色給我看，還是
教會我，所以說，他是我工作上的貴人之一。

　　在一段時間後，我又被調到D區工作，這裡的工作又稍
微與A區有些不同，無論對應的人數、工作內容及帶領小
組的心態都必需歸零才行。雖然剛開始，我對於D區的李
班長時時有些磨擦，但隨著時間的沖刷及彼此相處的認
知，才發現這位李班長，除了教我工作上的事情之外，也
會教我一些有關於人生哲學，這對我來說，無論將來會不
會在這家公司待到退休，或是去其他公司上班，相信都是

很有幫助的。

為什麼說他們是我的貴人呢？因為透過他們兩個人的指導，讓我在微薄收入下，還能夠去追尋我想要的目標、夢想。如果當時，沒有他們的幫忙，說不一定我會因為小小的事情而與人吵架而離職，那不叫作「勇氣」，而是「意氣用事」了！

同時，他們也教會我一樣很重要的武器，在我未來創業很有幫助：就是你是否有勇氣打破規則，但不要直接打破，因為規定是死的，所以你必須學會剛中帶柔、靈活運用、審時度勢。

這或許跟追女朋友一樣：不要「急」、要「忍」。

創業夢想啟動，讓自己看得更多更遠

如今在這家公司已待了兩年，現在的我為什麼要改變呢？

所謂「一回生、二回熟、三回巧」，我現在的工作多半屬於重複性質高的事務，又沒有新的事物可以提升我對工作的新鮮感。

再加上之前，我在臉書上看到關於「未來十年最賺錢的行業」的訊息，於是報名參加。在經歷了到高雄用幾分鐘

鼓舞人心的十個勇氣

215

⇄ **蔡易哲的勇氣哲學**

打破規則的勇氣，在於戒急用忍，因此必須學會剛中帶柔、
靈活運用、審時度勢。

演說來介紹自己以及目前在做什麼的演講後，同時又接
著報名主辦單位在台中的兩天演說，主題是要為自己的
創業尋找商機，如果融資者聽起來覺得可行，便會投資這
項目。

對於「創業」這個夢想，我一直沒有忘記過。因此有這個
機會，我當然要好好把握，因此跟公司請假，並二次到中
國大陸參觀關於項目等儀式、活動。並在此時，我也因緣
際會遇見、認識到很多位各行各業重量級人，當中有些老
師、企業家等等，未來可能都有機會能一起合作。

此外，我也正在找一些志同道合的朋友，設計一支手
機APP以媒合更多有相同理念的人一起加入，能使店家、
消費者、合作的人三方皆得利，並可以省去廣告費及一些
不必要的成本。

會不會成功，我並不知道，但是透過這樣的推銷，我發
現在心態上，我已跳脫在工廠工作的心情，而且很想要快
點跳脫這樣的舒適圈生活，出去挑戰原本不敢做的、接

觸與工廠完全不同性質的工作⋯。甚至更好,學的、碰觸到的、人、事、物、也都不同、各方領域都能參與到的人一起有機會的合作。不過,我也發現我的表達能力必須再加強,就如同我同梯的戰友說的:「改變是痛苦、難熬、練心智,⋯同時也會偷哭的,因為是成長開始!」

但我只能說:一但讓我抓住機會,我會死咬不放,且鞠躬盡瘁。

這讓我想起老鷹的故事:老鷹可以活到70歲,但在40歲時必須飛到一個安全的角落,經歷漫長150天痛苦的蛻變,翅膀羽毛完全脫落等待新羽毛、啄擊打岩石及趾甲一根一根拔出等新的趾甲,煥然一新的老鷹開始全新的第二階段生活。

因此,我也期待煥然一新的我,因為唯有自己強盛的,人家才會敬你、援你、理你。

關於 蔡易哲

現任》	在一間知名實業公司旗下工廠擔任技術員(包裝)
曾任》	曾經歷過大學時期、軍旅生涯、送貨員、賣羊奶業務及 7-11 店員

鼓舞人心的十個勇氣

勇氣 附錄

10+1 位勇氣達人的
108 句勇氣哲學

附錄

⇄卓天仁的勇氣哲學》》

1. 你的「勇氣」會為你的人生,帶來驚喜的超能力!
2. 學習「面對」未知的挑戰,正是一種「勇氣」的最佳表現!
3. 勇敢的採取正確的「行動」,不要讓自己遺憾,這或許正是「勇氣」的公式。
4. 試著讓自己勇於面對,試著讓自己勇敢行動,進而找出專屬於自己生命的「勇氣公式」。

⇄符策勤的勇氣哲學》》

1. 勤於學習,放下身段,改變吧!
2. 把消極轉化為積極,把失敗當作教學。
3. 在經歷人生挫折後,不妨先短期沉澱,然後放下身段,重新出發,就會看到改變。
4. 哪裡跌倒,哪裡爬起來;從商不一定是噩夢,只要掌握知識,小心實踐。
5. 勇於叛逆及改變,迎向多變未來。
6. 勇於投資自己才是最好的投資。
7. 別拒絕任何可能,機會大門在等著你上門。

鼓舞人心的十個勇氣

⇄**陳豪的勇氣哲學**》》

1. 在你選擇的那個點上好好紮根，再難也要把它撐過去，因為只要撐過暴風雨，就會看到美麗的彩虹！

2. 心裡要不斷想著：機會難得，所以我要更加努力，不能回頭，只能往前，要成功！

3. 被拒絕是必然的，不要被失望的心情擊倒，要時時調整方向，不斷地嘗試，總會找到一個突破點，而走出屬於自己的一條路。

4. 一步一腳印的方式去實踐，只要成功克服了那個點，人生及事業體就會往更上一個層次走去。

5. 做任何一件事情先別想成功，而是先把基礎功打好，只要做到了極致，找市場定位，才有機會向成功靠攏。

6. 遇到事情，唯有先自我冷靜，才能看清問題在哪裡，才能理性判斷。

7. 組織團隊裡大家必須要擁有相同的理念，才能同舟共濟；核心力若很強，遇到再大的問題，也會過關的。

⇄黃繶豐的勇氣哲學》》

1. 我的人生哲理，就是活在當下！
2. 命由己造，相由心生！要做自己的人生戰士。
3. 生活本身就是活著體驗美好、追求夢想與感受人間的酸甜苦辣。
4. 只要堅持夢想，確定目標，終有一天可以圓夢。
5. 痛苦也許會帶來思考，也許會讓人明白：與其平庸過這一生，不如大膽向前，勇敢追逐夢想，才能在有限的生命裡留下屬於自己的印記。
6. 從當下出發，去抓住夢想。
7. 開拓領域，需要的是更強大的自信，還有征戰江湖的勇氣。只有擁著這些，才能無所畏懼地朝著既定的目標前進。
8. 立足當下，把握每一天，用決勝將來的勇氣，大步向前。
9. 成功不屬於年齡，只在於有沒有堅定地、勇敢地做下去。
10. 如果堅持和不放棄，任何年齡都可以重新開始，任何時候都是機會。
11. 瘋狂到足以讓他們認為自己可以改變世界的人，就是會自我改變升級的人！
12. 唯有改變自己心態，才是人生轉折的救世主。

⇄郭學儒的勇氣哲學》》

1. 跌倒並不可怕，可怕的是躺在那邊不站起來！」
2. 所有的成功都是一點一點累積。
3. 做音樂最終還是要靠自己，靠不了別人；自己要先做出成績，才會有人來支持。
4. 有時候，我們先付出，別問這項付出會產生多大的回饋。
5. 困頓時，不妨先放下，走出去；愈走愈多，感恩愈多，靈感愈多。
6. 所謂的吸引力法則，就是吸引跟自己想法、看法差不多的人，自己的格局會因此愈益寬廣。
7. 可以選擇，是我們的福氣。
8. 勇敢走下去吧！不走下去，永遠也不知道會不會有新的東西，豐富我們的生命，也豐富你的生命。
9. 最終活下來，就是一種勇氣，一種面對問題的勇氣。
10. 只要我們把專注焦點拉回來，放在那些愛我們的人。至於那些不愛我們的人就算了，不必去討好。

⇄蕭正崗的勇氣哲學》》

1. 你的人生，可能只要一本書、一個人、一堂課，就能改變你的人生命運！
2. 失敗了不可恥，重點是你學到了什麼經驗？
3. 一般人看買東西看價格，成功者看的卻是價值。
4. 一個人想要成功有三個途徑：第一：找成功者幫你工作。第二：找成功者合作。第三：幫成功者工作。
5. 結果不如預期，所以應該再找其他方法，而不是放棄目標。
6. 成功就是「我要，我願意」！
7. 不怕失敗與犯錯，就怕錯過了機會。
8. 做任何事情都是全力以赴，沒有任何藉口。因為努力不一定會成功，但是成功一定要努力。
9. 成功＝能力X態度X運氣。但是運氣總是在努力之後出現，所以：人生沒有失敗，只有結果！
10. 用勇氣，翻轉人生的態度。
11. 我做任何事情都是全力以赴，沒有任何藉口。因為我知道努力不一定會成功，但是成功一定要努力。
12. 只要別人做的到的，你也可以做的到。只要你能複製他的信念、策略與情緒狀態，你做出來的結果也會是一樣的。

附錄

⇄許國展的勇氣哲學》》

1. 遇到困難時，把努力先放在前面，困難自然就會慢慢消失。
2. 勇於踏出舒適圈，讓自己再勇敢一次！
3. 「行動」是夢想的原動力。
4. 成功，從微小的信念開始。
5. 很累的時候，要學會有勇氣放棄。
6. 為神做個有錢人、智慧是搶不走的財富、讓天賦自由。
7. 沒有做不到的事，沒有到不了的地方，只是時間上的問題。
8. 當人生受到困頓時，或是別人誘惑你的時候，一定要拉高視野觀看全盤的狀態，再做決定。
9. 你認真對待自己，別人就會認真對待你。
10. 一切的幸運都是靠努力得來的，不是靠運氣來的。
11. 工作不是人生的全部，而是要學會生活，陪伴家人。

⇄賴嘉彬的勇氣哲學》》

1. 抱怨不會改變任何事，換個想法，生命就會不一樣！

2. 聰明是一種天賦，善良是一種選擇。

3. 人生是一道道選擇題，不選擇，就等著被選擇。

4. 放棄是最容易的事，如何在目標的道路上，面對挫折，修正方向，到達目的地才是最重要與最困難的。

5. 人生不是藍圖，是拼圖，所有的經驗都不會白費，會幫助到未來的你。

6. 機會，是留給立即行動的人的。

7. 說出來會被嘲笑的夢想，才有實踐的價值，就算跌倒了，也會很豪邁。

8. 生命中會有無限的選擇，不論選擇什麼，都沒有對錯，最怕的就是不做選擇！

9. 挫折跟失敗不過就是人生的插曲，寧可做點什麼失敗，也不要什麼事情都沒做而遺憾。

10. 告訴自己在多撐一天、一週、一年吧。你會發現，拒絕退場的結果令人驚訝。只有拒絕再試一次的人才會被打敗。

11. 不怕慢，只怕站。如同龜兔賽跑一樣，堅持不放棄的烏龜，就算再慢，也會贏過擁有先天優勢，放棄的兔子。

鼓舞人心的十個勇氣

⇄鄭偉志的勇氣哲學》》

1. 這時代最可怕的不是你不努力，而是你不知道別人如何拼命的！
2. 走路必須練習，成功也必須練習。
3. 鼓起勇氣挑戰，任何極限都會被超越！
4. 生命中一定會發生無限的挫折，最終都會被時間沖淡，沖不散的都是情緒。
5. 所有的困難與挫折，都是為了讓自己往前邁進，只是過程不是結果。
6. 走路必須練習，成功也必須練習。沒有跨出第一步，永遠沒有第二步的可能性。
7. 每一個優質人脈就像一座金礦，不能急著想要挖掘，而是如何幫這座金礦再堆疊的更高。
8. 勇於挑戰未曾到達的領域，享受未曾嘗過的滋味，把人生的困境當成過程。
9. 所有的困難與挫折，都是為了讓自己往前邁進，只是過程不是結果
10. 只要不放棄，都不等於失敗！
11. 任何一個決定都是為了未來最好的結果。
12. 努力可以扭轉情勢，努力是最好的特效藥。
13. 社會成功者，他們總是將過去的挫折、壓力想盡辦法濃縮成自己的養分。

⇄李青容的勇氣哲學》》

1. 現實與殘酷，會讓我們變得更堅強、更努力、更勇敢！

2. 有天當你回顧自己走過的路時，你會發現這些奮鬥不懈的歲月，才是最美好的人生！

3. 生命的精采，自己創造！

4. 有些時候不要想太多，了解太多就不敢做了，趁年輕勇敢去冒險吧！

5. 無論男女都應財富自由：有被動式收入，不再為生活煩惱。

6. 人生困頓時，不妨安排一場深度旅行，尋找人生的意義。

7. 雖然不知道多少人需要我，但能被需要就是一種肯定。

8. 人生若沒有錯誤，鉛筆何必附帶橡皮擦？

9. 用對的方法提高效率，把抱怨時間拿來背單字或做對自己有意義的事。

10. 深信人在做天在看，謊言及藉口只能騙一次，沒了誠信，就什麼都不用多談了。

11. 適時地調整自己的光亮，別笨笨地把自己當爛燭燒成灰，記得改成LED，省電環保又可以給對方很明亮的希望！

鼓舞人心的十個勇氣

⇄蔡易哲的勇氣哲學》》

1. 當發現做下去反而對自己不利時，那麼也要有勇氣說「不」，並且另尋它路，反而對自己是種成長。
2. 對我而言，勇氣，是一種明知有風險，卻仍執意要去做，去執行。
3. 勇於面對自己不會的地方。
4. 任何工作都必須事先準備，才能上場打好仗。
5. 在職場認識更多人，教會我勇氣與義氣用事的差別。
6. 凡事要有實事求是的精神。有疑問就問、有問題就解決，而不是聽片面之詞就被嚇退了。
7. 遇到事情不要慌張，冷靜下來中有辦法解決。
8. 打破規則的勇氣，在於戒急用忍，因此必須學會剛中帶柔、靈活運用、審時度勢。
9. 唯有自己強盛起來，人家才會敬你、援你、理你。
10. 改變是痛苦、難熬、練心智，同時也會偷哭的，因為是成長開始！
11. 我只能說：一旦讓我抓住機會，我會死咬不放，且鞠躬盡瘁。

我的勇氣 notes

One Book Ten Life 2：鼓舞人心的十個勇氣

編著／卓天仁

作者／符策勤、陳豪、黃縯豐、郭學儒、蕭正崗、
許國展、賴嘉彬、鄭偉志、李青容、蔡易哲

封面設計／許國展

美術編輯／廖又頤

執行編輯／李寶怡

企畫選書人／賈俊國

總編輯／賈俊國

副總編輯／蘇士尹

編輯／高懿萩

行銷企畫／張莉滎、廖可筠、蕭羽猜

發行人／何飛鵬

法律顧問／元禾法律事務所王子文律師

出版／布克文化出版事業部

台北市民生東路二段 141 號 8 樓

電話：02-2500-7008

傳真：02-2502-7676

Email：sbooker.service@cite.com.tw

發行／英屬蓋曼群島商家庭傳媒股份有限公司城邦分公司

台北市中山區民生東路二段 141 號 2 樓

書虫客服服務專線：02-25007718；25007719

24 小時傳真專線：02-25001990；25001991

劃撥帳號：19863813；**戶名**：書虫股份有限公司

讀者服務信箱：service@readingclub.com.tw

香港發行所／城邦（香港）出版集團有限公司

香港灣仔駱克道 193 號東超商業中心 1 樓

電話：+86-2508-6231　　**傳真**：+86-2578-9337

Email：hkcite@biznetvigator.com

馬新發行所／城邦（馬新）出版集團 Cité (M) Sdn.

Bhd.41, Jalan Radin Anum, Bandar Baru Sri Petaing, 57000 Kuala Lumpur, Malaysia

電話：+603- 9057 -8822

傳真：+603- 9057 -6622

Email：cite@cite.com.my

印刷／卡樂印刷有限公司

初版／2019 年 6 月

售價／新台幣 350 元

ISBN ／ 978-957-9699-90-7

鼓舞人心的十個勇氣

2

ONE BOOK
TEN LIFE

鼓舞人心的十個勇氣

2

ONE BOOK
TEN LIFE